商业地产高人气业态运营手册
生鲜超市

天火同人工作室　组织编写

化学工业出版社

·北京·

内容简介

生鲜超市、亲子业态、文创空间是大型社区、商业场所、创业园区里最能聚集人气和拉动人流的商业空间，是商业地产中同时高频出现的三类核心业态。本丛书涵盖了三类热门业态，以实战和工具为核心，从房地产单个项目立项到投入运营的全过程出发，涉及开店的项目市场选择、市场选址调研、组织模型设置、岗位分配、管理运营、店面筹备及开业，开业后营销及日常促销等内容。

本册书是完整讲述生鲜超市运营实战的工作一本通。内容包含生鲜超市的市场特征及主流模式、前期筹划、运营管理、商品管理、年度营销管理、会员营销管理。本册书适合商业地产开发团队管理者、商业地产开发团队执行人员、商业地产生鲜超市的经营者参考阅读，旨在为上述人员提供一个完整的逻辑框架和详细的工作步骤。

图书在版编目（CIP）数据

商业地产高人气业态运营手册.生鲜超市/天火同人工作室组织编写.—北京：化学工业出版社，2020.8
ISBN 978-7-122-37064-8

Ⅰ.①商… Ⅱ.①天… Ⅲ.①城市商业-房地产开发-运营管理-手册 Ⅳ.①F293.35-62

中国版本图书馆CIP数据核字（2020）第090129号

责任编辑：王　斌　毕小山　　　　　　美术编辑：史利平
责任校对：张雨彤

出版发行：化学工业出版社（北京市东城区青年湖南街13号　邮政编码100011）
印　　装：大厂聚鑫印刷有限责任公司
710mm×1000mm　1/16　印张17¼　字数350千字　2021年1月北京第1版第1次印刷

购书咨询：010-64518888　　　　　　　售后服务：010-64518899
网　　址：http://www.cip.com.cn

凡购买本书，如有缺损质量问题，本社销售中心负责调换。

定　　价：78.00元　　　　　　　　　　　　　　　　版权所有　违者必究

编委会

策 划
天火同人工作室

主任
刘丽娟　龙　镇

委员
刘丽娟　龙　镇　马　利　卜昆鹏　张连杰　仲文佳
吴仲津　王　磊　杨春烨　陈秋珊　伍明艳　李中石
曾庆伟　刘彩云　刘国清

特约顾问
王　磊

特约编辑
陈秋珊　伍明艳　吴仲津

装帧设计
杨春烨　李中石

目录

第一章 生鲜超市市场特征及主流模式

第一节 生鲜超市的市场特征 　2
　　一、生鲜超市市场经营内容 　2
　　二、生鲜超市"鲜"为王的 4 个内涵 　3
　　三、生鲜超市社区的创新之道 　5
　　四、生鲜超市新增的 3 个服务方向 　8
　　五、生鲜超市的 5 类经营难题 　9
　　六、消费者市场研究的 3 个方向 　12

第二节 生鲜超市的主流模式 　13
　　一、生鲜超市运营的 5 个高标准 　13
　　二、生鲜超市模式的 7 类新特点 　13
　　三、生鲜超市常用的 5 种采购模式 　17
　　四、生鲜电商的 5 种销售模式 　19
　　五、生鲜超市的 7 种商业模式 　20
　　六、典型生鲜超市的运营模式 　24
　　七、小而美型生鲜超市模式 　32

第三节 生鲜超市运营必备概念 　34
　　一、生鲜相关概念 　34
　　二、生鲜超市商品概念 　35
　　三、生鲜经营概念 　37
　　四、店铺类型基本概念 　38
　　五、店铺模式基本概念 　39
　　六、组织机构基本概念 　40
　　七、零售商业基本概念 　40
　　八、零售卖场空间基本概念 　41
　　九、卖场常用设备、用具 　43
　　十、生鲜超市常用术语 　46

第二章 生鲜超市前期筹划

第一节 生鲜超市选址及客群调研分析　　50
　　一、调研工作筹备　　50
　　二、严谨调研原则　　51
　　三、选址调研步骤　　53
　　四、选址调研流程　　54
　　五、选址原则　　56
　　六、选址调研的内容　　57
　　七、选址调研工具　　59
　　八、商业环境调研指标　　60
　　九、消费者调研内容　　61
　　十、调研问卷设计要求　　63
　　十一、生鲜超市选址4大误区　　64

第二节 生鲜超市的定位　　66
　　一、生鲜超市与普通超市的区别　　66
　　二、生鲜超市消费群体定位　　67
　　三、生鲜超市经营定位　　67
　　四、生鲜超市商品定位　　70
　　五、生鲜超市价格策略定位　　71
　　六、生鲜超市服务定位　　72
　　七、生鲜超市卖场功能定位　　72

第三章 生鲜超市运营管理

第一节 生鲜超市运营指标及管理策略　　76
　　一、运营类指标　　76
　　二、销售类指标　　78
　　三、动销类指标　　79
　　四、库存类指标　　81
　　五、价格类指标　　84
　　六、周转率　　85
　　七、交叉比率　　87

目录

	八、品类优化策略	88
第二节	**生鲜超市赢利模式与组织结构设计**	**90**
	一、加工方式分类模式	90
	二、经营规模分类模式	92
	三、经营面积分类模式	93
	四、组织结构设计原则	94
	五、组织结构类型	95
	六、组织人员编制分配	97
	七、组织运作流程	98
第三节	**生鲜超市运营管理及方法**	**99**
	一、运营领先的生鲜超市经营理念	99
	二、生鲜超市运营管理的4个内容	100
第四节	**生鲜超市部门管理规范**	**108**
	一、生鲜超市的7项基础规范	108
	二、生鲜部卫生环境要求	110
	三、生鲜超市待客的4个要求	111
	四、生鲜超市售后服务管理	112
	五、工作设备使用规范	114
第五节	**生鲜超市店面主要岗位职能**	**115**
	一、店长	115
	二、生鲜超市部门划分	119
	三、生鲜部核心岗位	119
	四、生鲜部技术岗位	121
	五、生鲜主管岗位	123
	六、店内柜组岗位	127
	七、超市后勤服务岗位	128

第四章 生鲜超市商品管理方法

第一节 生鲜商品管理要求 … 132
- 一、生鲜品类划分方法 … 132
- 二、判断商品品质的10个标准及检测方法 … 133
- 三、生鲜品类结构调整的3个标准 … 134
- 四、生鲜超市管理的3个要求 … 135
- 五、生鲜商品管理的3个重点 … 136
- 六、生鲜商品管理方法与技术 … 138
- 七、生鲜商品加工管理方法 … 140
- 八、生鲜商品流转管理 … 142

第二节 生鲜商品分类保鲜管理 … 144
- 一、果蔬鲜度管理 … 145
- 二、水产鲜度管理 … 147
- 三、肉类鲜度管理 … 149
- 四、熟食鲜度管理 … 150

第三节 生鲜商品品类陈列规范 … 151
- 一、生鲜商品陈列管理 … 151
- 二、生鲜商品上架前管理 … 153
- 三、生鲜商品陈列的4个标准 … 154
- 四、生鲜商品陈列的6个原则 … 155
- 五、生鲜品类陈列的5个规范 … 157
- 六、生鲜品类空间位置陈列原则 … 158

第四节 生鲜损耗控制及防损管理 … 162
- 一、损耗产生的类别 … 162
- 二、生鲜损耗常见的7类原因 … 163
- 三、生鲜损耗的环节分析与管控 … 165
- 四、3类关键防损制度 … 166
- 五、著名生鲜超市防损管理借鉴 … 168

第五节 生鲜商品采购管理 … 170
- 一、生鲜采购原则 … 170
- 二、生鲜自采商品流程 … 170
- 三、生鲜采购要求 … 171

目录

    四、采购商品保质期控制的 3 个方法   173

第六节 **生鲜超市冷链物流管理**   **175**

    一、生鲜配送管理   175
    二、生鲜物流管理   177
    三、生鲜冷链管理   180

第五章 生鲜超市年度营销管理

第一节 **生鲜超市年度营销计划管理**   **186**

    一、营销分阶段设置目标   186
    二、营销管理的 3 个原则   186
    三、年度营销计划制定的 5 个步骤   188
    四、年度营销计划执行表   190
    五、年度营销的促销规划   193
    六、营销定价的 6 个策略   196

第二节 **生鲜超市开业筹备及执行**   **198**

    一、装修建店的主要内容   198
    二、开业前筹备   201
    三、开业筹备的 6 个步骤   203
    四、开业前的 4 项商品筹备内容   205
    五、开业倒计时的 8 项检查内容   209
    六、开业庆典活动执行   209
    附录：超市开业庆典方案参考   211

第三节 **生鲜超市卖场促销物料及设计**   **216**

    一、生鲜超市场景力营造的 5 个元素   216
    二、促销物料清单统筹   218

三、店面海报促销广告制作　　219

第四节　生鲜超市日常促销管理　　221

　　一、生鲜超市促销管理　　221
　　二、生鲜超市成功促销的 4 个条件　　223
　　三、店面促销管理的 4 个要点　　224
　　四、生鲜促销的 8 个原则　　225
　　五、促销筹备的 7 个要素　　227
　　六、促销主题及促销选品　　228
　　七、生鲜超市常用的 4 种促销策略　　231
　　八、生鲜促销时段管理操作　　233
　　九、促销效果评估　　234

第六章　生鲜超市会员营销管理

第一节　生鲜超市会员制管理　　236

　　一、企业会员制管理　　236
　　二、会员制营销模式设计　　237
　　三、会员制营销目标　　239
　　四、会员制目标客群管理的 4 个方法　　239

第二节　生鲜超市会员制度建设方法　　242

　　一、建立企业会员制的 7 个要求　　242
　　二、企业会员管理的 4 个条件　　247
　　三、构建企业会员制的 4 个内容　　247
　　四、会员转化的 4 个方法　　249

第三节　生鲜超市的会员营销管理　　251

　　一、会员营销模式创新的 4 个手段　　251
　　二、企业会员卡营销问题　　259
　　三、连锁生鲜超市的会员制营销方法　　262
　　四、会员积分管理　　262
　　五、会员活化的 3 个手段　　264

第一章

生鲜超市市场特征及主流模式

第一节
生鲜超市的市场特征

生鲜商品是每个家庭的必备品,瓜果蔬菜、肉类食材等,越来越多的顾客到超市购物的目的是购买生鲜。发达国家多年的实践经验表明,生鲜超市必将占领生鲜产品的零售终端市场,这是经济社会和商业发展的必然结果。

一、生鲜超市市场经营内容

生鲜超市是一种强体验消费业态,生鲜市场出现万亿元市场空间,短消费半径属性凸显,每年以6%的速度持续增长,生鲜超市体验业态在社区商业中的占比越来越高。

1. 生鲜超市经营内容

日常生活中所消费的生鲜主要是传统生鲜,以农副产品为主,包括蔬菜、水果、水产、粮食等。

新型生鲜逐渐成为家居饮食消费的重要组成部分后,内容就发生了很大改变,有了更丰富的内涵,不仅包括以上一般农副产品,还涉及其强相关性的产品,例如:加工食品、半加工食品、厨房用品等。

归纳起来,现在的生鲜超市经营内容有2个明显的特点:

① 品类为农贸市场的所有品类;② 提供的服务为家庭厨房所必需。

图1-1-1　生鲜超市经营内容的2个特点

2. 新型生鲜超市的3大特征

社区生鲜经过草莽发展时代,逐渐趋于理性,呈现出3大特征。

第一节 生鲜超市的市场特征

图 1-1-2 新型生鲜超市的 3 大特征

（1）特征 1：门店规模小型化

行业调查报告数据显示，对于实际运营来说，生鲜超市的门店规模并非越大越好。

62% 的社区生鲜店，门店面积在 300 平方米以内。业内对社区生鲜店的面积规模已达成共识：300 平方米是经营社区生鲜性价比最高的门店面积；面积低于 300 平方米，无法容纳足够品项的商品；面积大于 300 平方米，则面积利用率不足。

图 1-1-3 新型生鲜超市面积规模准则

（2）特征 2：社区超市生鲜占比逐步提升

多数社区生鲜品牌超市的生鲜销售占比超过了 40%，其中 29% 的社区生鲜品牌生鲜销售占比超过了 80%。这显示出未来的发展趋势：经营全品类生鲜、以生鲜品类为主的专业店越来越多，生鲜在超市中的营业销售占比也越来越高。

（3）特征 3：客单价趋低

社区生鲜超市以解决消费者的一日三餐为主要目的。其经营面积与综合性卖场相比要小很多，这使得它的客单价相对较低。研究数据显示，接近一半的社区生鲜超市客单价为 20～30 元，社区生鲜超市的平均客单价为 23 元。

二、生鲜超市"鲜"为王的 4 个内涵

受电商冲击，实体社区商业竞争加剧，出现了精品超市、生鲜超市、便利店（社区店）等业态细

3

分。以提供绿色、有机蔬果为主的生鲜超市,将成为未来超市业的赢利爆点。

现在的生鲜超市运营,还面临很多具体的困境。

① 自身卖场面积不够大,经营商品数量无法增加,所覆盖商圈较小,客流量不够。

② 越来越多的大卖场扩张,比如大卖场现在普遍设有免费班车,直接带走很多社区型生鲜超市的原有顾客,给生鲜超市带来严重威胁。

③ 要与越来越发达的便利店生鲜和农贸市场型生鲜卖场进行竞争。

1. 用生鲜品类丰富抢客流

"得生鲜者得天下"是零售行业的金句。生鲜供应链复杂,复购率高。在严峻的市场挤压形势下,生鲜超市要在业态比例上突出生鲜食品的优势,以获得更强的竞争力。

2. "生鲜"成为实体店的竞争主业

线下实体超市已经把生鲜列为竞争主业。

图 1-1-4　资本投资实体生鲜商超

3. "互联网+线下生鲜"的服务方式

各路资本投资的生鲜社区,虽然各有不同,但"互联网+线下生鲜"是其服务的本质。

表 1-1-1　各路资本投资的生鲜社区图

项目名称	投资轮次	投资时间	投资金额	投资方
钱大妈	B轮	2018-5	—	高榕资本、弘章资本
美菜网	E轮	2018-1	4.5亿美元	Tiger Global Management、华人文化产业投资基金
百果园	B轮	2018-1	15亿元	中金智德、中植资本、中金汇融、基石资本、源码资本、广州越秀产业基金、深创投
每日优鲜	D轮	2017-12	5亿美元	未披露
超级物种	战略融资	2017-12	—	腾讯产业共赢基金
食行生鲜	C+轮	2017-9	2.9亿元	天图资本领投
易果生鲜	D轮	2017-8	3亿美元	天猫
久耶供应链	B轮	2017-2	2亿元	远洋资本

4. 生鲜产业电商化

电商平台延伸的生鲜 O2O 已逐渐被大众接受。

图 1-1-5　生鲜产业电商化的内容

三、生鲜超市社区的创新之道

社区商业是城市商业的基础，是住宅项目溢价的重要手段，更是居民消费的重要载体。社区商业天然自带流量，能解决所有居民的一日三餐，无疑是一个大市场。

1. 社区生鲜消费的 4 个特征

生鲜超市要进社区做商业，需要研究社区和社区消费者，了解他们到底需要什么样的生鲜超市。居住在社区的消费者，其核心消费需求有四点特征。

（1）高频购买

一日三餐，人们每天都有饮食需求。对于生鲜超市，一定要提供很多可以高频购买的商品，才能形成旺盛的每日流水。

（2）配送快捷及时

能在多长时间、多大距离范围内配送，也是影响生鲜超市客源的重要因素。

（3）生鲜品类多样化

作为公认的高频商品，门店生鲜品类要丰富并拉开档次，才能满足不同家庭消费者不同级别的"一日三餐"。

（4）高性价比

做生鲜超市需要记住一点：主妇们永远最喜欢高性价比。

图 1-1-6　社区生鲜消费的 4 个特征

2. 社区生鲜服务重在"快"与"便利"

传统的社区商业多以社区底商为主，物业被业主购买后，再零散租出去。这一情形有 3 个非常明显的缺陷：

① 缺乏整体规划和运营；② 业态结构不合理；③ 消费体验不佳。

图 1-1-7　社区底商的运营弊端

（1）生鲜供应便利、便捷化

无数案例证明，一个成功的生鲜超市要在社区立足，依靠的就是"便利"和"便捷"。

首先，便利店做生鲜常态化，满足居民对便利性的需求。比如，以大通商品和鲜食为主要选品的便利店逐渐整合，开始经营生鲜产品。7-ELEVEn 便利店、苏宁小店等都有生鲜菜品出售。盒马鲜生、永辉云创、7-ELEVEn 便利店，已经走在社区生鲜的前面，为这个行业积累了大量可学习的经验。

其次，使用互联网手段提升服务便捷性。生鲜的竞争力体现在两点：便捷和专业。比如，盒马鲜生不限于生鲜超市，还增加了餐饮店、菜市场等业态。

图1-1-8　生鲜供应便利、便捷化

（2）建立自有配送网络

生鲜超市必须考虑送达标准，这需要一个完善自控的配送网络。以盒马鲜生为代表的很多生鲜超市，都已基本实现3公里以内半个小时可以送达。盒马鲜生在全国开到1000个店时，就完成了生鲜品类的最大高速配送网络。

图1-1-9　生鲜超市实现服务便捷的3个途径

3. 生鲜食堂型销售方式

目前，很多大型社区购物中心或大型生鲜超市都引进了"盒马鲜生"等品牌门店，构建出"生鲜食品+特色餐饮"的"生鲜食堂"型超市。

（1）售卖方式有创造性

广西南宁相思湖商圈的一个社区邻里型中心商业，服务范围可覆盖到周边社区的居民、高校。其生鲜食堂经营品类主要以生鲜食品为主，占比50%以上。他们创造性地引进了日本料理、意式披萨、手工牛肉丸、家乡米线店、海鲜小火锅、进口牛扒店、天天水果店、高档面包店、净菜连锁店等特色餐饮。食堂内设置舒适的就餐休息区，将超市和餐厅融为一体。

广州市海珠区万胜围广场附近的生鲜超市，顾客可自选自购。广州以盛产海鲜闻名，因此这家生鲜超市增加了很多海鲜主题的现场加工、现场食用摊位。开业当天，场面空前火爆，既是超市又是食堂的做法，提供了网购所不能实现的服务，可谓独树一帜。

（2）超市动线设计独特

生鲜超市的食堂动线设计都非常独特，一般会按照即食食品→半成品→新鲜食材→加工区的顺序设计。

4. 用生鲜服务展示高尚生活水准

强化客户购物体验是生鲜超市最重要的纳客、留客手段，方式可以多样化。

① 在门店增设休闲区，供人休憩。

② 引进"轻餐饮"等方便和具有表演性的服务。为顾客提供现磨咖啡、关东煮、炒饭、炒面、便当、甜品等即做即食的食品。

③ 支付方式便捷。自助收银机、支付宝、微信、银联云闪付、电信翼支付等十多种移动支付方式进一步增强了消费体验。

④ 营销道具优化、货架点亮，使整体购物环境得到明显的改善和提升。

图 1-1-10　用生鲜服务展示高尚生活水准的方式

四、生鲜超市新增的 3 个服务方向

零售商竞争转变、居民消费习惯转变、城镇化带来的社区人口激增，为社区商业带来了巨大机会。阿里投资的盒马鲜生、天猫小店以及京东到家等电商巨头都进军了社区商业，加快了社区商业的布局。

1. 方向 1：弥补传统社区商业缺陷

城市大规模扩张速度过快，不少新建住宅社区只关注商品住宅的规划建设，对配套的商业设施不够重视；还有一些老旧小区的商业设施升级速度也远远落后于消费升级。

生鲜超市的逐渐增多，快速弥补了传统社区商业的缺陷。

2. 方向 2：为老龄化人口提供精细服务

调查显示，我国人口老龄化年均增长率约为总人口增长率的 5 倍。从 2011 年到 2015 年，全国 60 岁以上的老年人由 1.78 亿人增加到 2.21 亿人，老年人口的比重由 13.3% 增至 16%。

独居老人和空巢老人将成为老年人群中的主力人群。他们最基本的生活和社会交往都依赖社区商业。社区商业作为区域性极强的商业形态，为老龄化人口提供了更细致的服务。

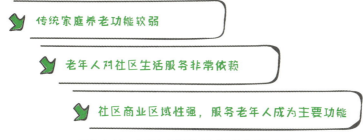

图 1-1-11　老年人成为社区商业服务的主要人群

3. 方向 3：为高尚社区生活提供专业服务

经济不断发展，社区更需要网点齐全、业态合理、功能完备、具备专业服务水平的社区商业。

（1）提供优质的购物环境

生鲜超市本质是做"便利"的生意。配备了高级冰箱的星级厨房，集琳琅满目的生鲜食品、简明的装修、干净舒适的购物环境于一体，成为"优雅主妇"和"时尚大妈"们最常光顾之地。

（2）提供小而专注的服务

不同于大商场千篇一律的布局、高度重合的品牌，生鲜超市拥有更大的自主性。独立的门面可让商家自主选择经营业态和经营时间，更专注于业态的特色，带来新鲜、便利、品质的升级。从店面装修到产品陈列，从支付方式到消费体验，社区商业通过对场景的营造，大大提高了消费环节的精致度。

（3）提供应急性需求

社区生鲜超市的真正优势是区位优势和经营模式，可满足社区居民的一般性应急需求和对农产品新鲜程度的要求。

图 1-1-12　为高尚社区生活提供 3 类专业服务

五、生鲜超市的 5 类经营难题

生鲜超市的主要竞争来自周边的农产品市场、蔬菜店和竞争门店。在蔬菜水果、鲜肉和水产等初级生鲜商品的价格方面，门店生鲜的竞争优势不明显，但消费者对购物环境和生鲜商品的品质保证要求很高，使安全性高的食品消费抢占了市场。

1. 生鲜超市 5 种经营壁垒

近年来，生鲜电商市场交易规模持续增长，线上市场渗透率虽继续提升，但仍有 5 类经营壁垒需要冲破。

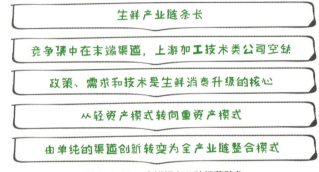

图 1-1-13　生鲜超市 5 种经营壁垒

2. 生鲜超市 2 类运营成本

运营生鲜有多个现实问题：种类多，品质难以控制；时效性短，高耗损和高不可控性；运营流程链条很复杂，包含生鲜独需的冷链供应系统、物流、分拣、加工，还有来自实体店的店铺销售、人工管理等烦琐的环节。

生鲜运营最主要的成本有 2 个：一是高额的维护成本；二是高额的运作费。

图 1-1-14　生鲜超市 2 类运营成本

3. 生鲜经营 4 个管理重点

生鲜超市能否经营好，取决于管理水准和商品组织结构的保障。做好生鲜商品经营，要锁定 4 个管理重点：

① 生鲜商品品质保证；② 干净、整洁的卖场经营环境；③ 生鲜商品的集合性和多样性；④ 全店商品整体营销组合能力。

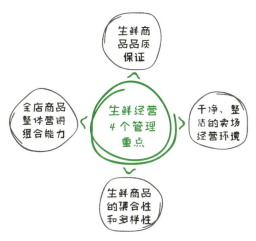

图 1-1-15　生鲜经营 4 个管理重点

4. 运营管理 3 大管控"难"

物流成本高、难以标准化以及高损耗，是社区生鲜超市运营的主要困难。生鲜超市运营，首先要解决这 3 个主要困难。

图 1-1-16　运营管理 3 大管控"难"

（1）物流成本高

生鲜商品保质期短。生鲜电商既要把中间商去掉，又要保证商品品质，因此不得不花大价钱建设仓库和冷链物流。

（2）难以标准化

冷链运输标准不统一等问题制约了行业发展。提升冷链物流标准化程度、提高对农产品源头的把控等是保障生鲜食品安全的必由之路。

（3）高损耗

比如，消费者要买苹果，在传统卖场可以挑选自己认为最好的进行购买，转到生鲜电商后就只能靠图片去判别商品了。很多消费者收到商品后,因为品相不好而退货,一来一回导致商品损耗极高。

5. 生鲜超市 4 大成本管控手段

生鲜超市的管理成本非常高。只有运营者在人力、物力、财力各方资源上体现出巨大的整合效应,才能体现生鲜超市与农贸市场间的根本差别。

实现这个目标的手段有 4 个:

① 实行经营连锁化、本土化;② 建设配送中心,把好物流关;③ 健全管理机制,建立合理的管理标准和经营体系;④ 增强经营灵活性和竞争优势,解决差异性所形成的障碍。

图 1-1-17　生鲜超市 4 大成本管控手段

六、消费者市场研究的 3 个方向

消费者日渐成熟理性,有钱阶层对商品价格越来越不敏感。便宜仅是消费者考虑的一个方面,除此之外还需要更细致的市场研究,才能让生鲜超市立于不败之地。

① 消费者的品质化、品牌化、个性化需求要紧紧跟上。纯粹打折促销能拉来顾客,但要留住顾客,还是靠扎实的运营功夫。

② 把握消费者需求,明确本店需求定位,使其成为生鲜进社区的有力武器。

③ 对社区生鲜超市规划设计前,应充分考虑现有市场,并将周边消费者资源进行消费需求细分,掌握生鲜进社区的准确市场数据。

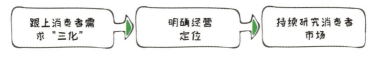

图 1-1-18　消费者市场研究的 3 个方向

第二节
生鲜超市的主流模式

生鲜销售的模式如何定义，整个行业内至今还没有准确的说法。生鲜超市在形态上不是超市，不是便利店，不是餐饮店，更不是菜市场，被视为零售"新物种"，但其零售商业的本质特点没有变。

生鲜商品的经营模式是基于流通渠道的建立和演变的。已知市场已经出现诸多运营形式：社区生鲜模式、"便利店＋生鲜"模式、前置仓模式、社区团购模式、菜市场升级改造生鲜店模式等。

一、生鲜超市运营的 5 个高标准

从产业研究的角度看，生鲜超市是具有检测手段先进、准入制度严格、购物环境舒心、产品流通率高、依赖专业化及优质化经营等特点的现代化零售业。

生鲜超市脱胎于传统农贸市场与现代连锁卖场，它既需要现代超市的运营管理模式，又需要遵照生鲜消费市场的管理手段和规律。具体表现在以下 5 个方面。

① 生鲜商品"鲜"字当头，对新鲜程度要求非常高。
② 生鲜商品多为民生必需品，价格敏感度高。
③ 生鲜商品多为初级农产品，商品规格不明确，标准化程度很低，管理难度大。
④ 生鲜现场加工品（如熟食、面点、烘焙等）对卫生、安全、口味的要求高。
⑤ 生鲜商品种类繁多，受季节、气候、储运条件、陈列包装影响大。

二、生鲜超市模式的 7 类新特点

新零售时代意味着消费方式升级。盒马鲜生、超级物种、鲸选未来店（世纪联华）、苏鲜生（苏宁）等，阿里巴巴、腾讯、京东、苏宁都在生鲜市场找到了自己的打法。

1. 特点 1：加强了服务属性

如今的生鲜，其渠道、品牌，甚至品类的可替代性非常强，因此零售商的竞争力应锁定在两点：

第一章 生鲜超市市场特征及主流模式

一是服务速度快，满足消费者对时间的急迫性需求；二是性价比高，价格低到令消费者心动。

比如，北京国有企业京客隆，将生鲜超市划为一个细分门店，把诸多社区超市改造为生鲜超市，命名为"京捷生鲜"，聚焦生鲜、厨房食品和用品。

盒马鲜生创造性地打造出"生鲜食品超市+电商+餐饮+物流配送"的新型综合体。

表 1-2-1　知名生鲜超市的运营定位和服务特征

序号	企业	运营定位	服务特征
1	盒马鲜生	线上驱动消费数据能力，线下布局盒马鲜生，其数据能力和技术能力对合作伙伴开放共享	产品包装标准化；3公里范围内30分钟送达
2	超级物种	永辉四大板块中的永辉云创，永辉超市新零售探索的排头兵，定位为集团孵化新业态	高端超市+生鲜餐饮+App的超级物种
3	京捷生鲜	老牌国企京客隆旗下的新超市品牌业态，聚焦生鲜、厨房用品和食品，为京客隆抢占生鲜便利店的优势地位	产地直供+传统实体便利店。依托京隆超市供应链体系和物流体系
4	生鲜传奇	社区生鲜折扣连锁店，管理智能化程度极高，以开连锁店为主要形式	供应链再造，基地采购和定制，供应商多为自有品牌，会员制超市
5	苏鲜生	苏宁精品超市。与盒马鲜生、超级物种、7FRESH，并称"新零售四少"	3公里范围内半小时闪送服务
6	7FRESH	京东首家线下生鲜超市，只经营京东自营商品	前店面积较大，前店后场模式
7	鲜食演义	步步高集团生鲜超市，超市内置餐厅，集团B2B闭环中的重要支撑	"超市+餐饮"与中央厨房联合的生鲜B2B模块组合。借食材配送、鲜food加工、盒饭生产、菜品输出赢利
8	生活鲜超	百联集团旗下的中高档精品超市连锁	供应来自世界各地的美食，以空间、服务、营销为经营中心
9	大润发优鲜	大润发飞牛急速达和大润发优鲜合并而来的新零售业态	线上、线下库存打通，线下大润发门店提供"到店"服务，线上大润发优鲜提供"到家"服务，有独立App
10	邻里生鲜	武汉中百超市旗下的新零售品牌	与线上配送平台联合，借助中百线下网络密集运营的小型社区综合超市
11	速懒鲜生	杭州鲜在时网络公司新零售生鲜电商供应平台，组建速懒社区和速懒邻里一起连接社区生活	依赖城市分选中心+社区仓店一体化急速达冷链物流体系支持运营，一键下单，全温层配送
12	掌鱼生鲜	美团集团旗下的新零售业态品牌	果蔬标准化包装，5公里以内30分钟配送，无餐饮服务，扫描商品二维码可追溯相应商品信息

2. 特点 2：源头直采模式，加强快捷服务能力

以盒马鲜生为例，它以海鲜、新鲜生鲜、自研产品、餐饮为主要商品，3公里内最快半小时送达，不论线上还是线下，均采用源头直采。

源头直采的好处有 2 个方面：

① 没有中间环节，在保持商品新鲜度的前提下可以降低价格；② 价格降低带来需求增多后，商品流转率提升。

第二节 生鲜超市的主流模式

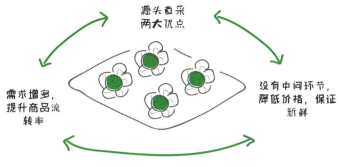

图 1-2-1 源头直采的优点

3. 特点3：用互联网手段提升效率

新型生鲜超市一诞生就和新技术应用紧密相连。盒马鲜生通过悬挂链、电子标签、智能分拨等技术手段提高商品线上、线下流转速度，降低出错率，提高人效，提升物流效率。

大润发优鲜的新零售业态店与O2O业务整合，以门店为主体，确定线上、线下融合的新零售综合体运营路径：① 大润发线下门店可提供"到店"服务；② 线上大润发优鲜可提供"到家"服务。

4. 特点4：整合存储、物流、仓储，建立成本供应优势

物流和仓储优势明显的大型商超经营生鲜店，优势更明确。原因有2点：

① 在全国范围内有多个采购种植基地，能实现大宗生鲜农产品的源头采购，这是保障生鲜供应和价格稳定的重要优势；

② 大型商超拥有成熟的仓储和物流，能控制损耗、节约成本。

图 1-2-2 整合存储、物流、仓储优势

大润发优鲜整合物流仓储体系，旗下的飞牛急速达和生鲜超市体系，打通线上、线下的库存，实现一体化销售，极大提高了配送时效和承载订单的能力，具体表现为：

① 实现自动化的高效分拣、配单、店内运输，配送能力最快半小时内到达，配送更快，效率提升；

② 承载订单量更大，1家门店每天可以承载1万单以上的高配订单；

③ 更能满足生鲜消费顾客的需求，实现快消品履单成本与效率同时提升。

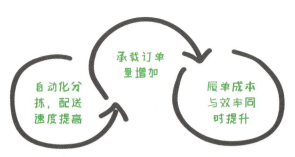

图 1-2-3　大润发优鲜整合物流仓储体系后的优势

5. 特点 5: 提升消费者体验

消费升级时代,用户体验是竞争的重要内容。新零售时代提高消费者体验有 2 个方向:① 尽可能减少等待时间;② 从生活方式出发,组合业态、商品和服务,为消费者提供和创造更多增值服务。

图 1-2-4　提高消费者体验的方向

6. 特点 6: 增强场景服务

在综合超市,生鲜也是零售卖场的重要组成部分,是卖场商品中最具活力和最亲民的部分。

生鲜超市的服务变革不仅体现在提供新鲜食材,还包括增加新的场景服务。比如盒马鲜生,在超市内辟建出餐厅区域,提供现场烹饪服务。生鲜超市提供场景服务有 3 个作用:

① 能第一时间体验新鲜食材,为到店顾客提供升级体验;

② 在超市里做餐饮是提升聚客力的有效手段,最能吸引新潮的年轻人;

③ 场景服务增加了新体验,能提高消费者结算频率,延长消费者在卖场的停留时间,引来大量回头客,实现超市固客目标。

第二节 ○ 生鲜超市的主流模式

图1-2-5　提供场景服务的作用

7. 特点7：提高运营管理能力

生鲜超市模式变革有3个非常关键的因素：强大的供应链、专业的线下运营管理团队、维护店铺商品高速回转的技术。

图1-2-6　生鲜超市模式变革3要素

在这些因素中，最关键的因素是运营管理团队。比如，生鲜超市已经出现的无人便利店，其本质是"前端无人"，对后端的快速反应能力要求极高。这种无人便利店在技术上已经没有壁垒，需要的是管理体系的建设和维护力度。

三、生鲜超市常用的5种采购模式

现有生鲜超市的采购，主要有5种模式：
联营模式、自营模式、直采自营模式、专柜模式和店中店模式。

图 1-2-7　生鲜超市常用 5 种采购模式

1. 联营模式

该模式本质上是初级自营模式。在此模式下,供应商会被要求提供一定数量的导购人员协助销售;经营中产生的商品损耗由供应商承担。该模式有 3 个运作特点:

① 零售商向供应商订购商品;② 零售商负责销售;③ 供应商按一定比例抽取销售提成。

2. 自营模式

该模式的本质是零售商自行销售给顾客的经营方式,是一种买断式经营(或有可退货约定)。

该模式的特点是,零售商按购销合同采购商品或原料,零售商赚取的是进销货差价和加工品的进销差价,零售商自行承担经营费用和损耗。

图 1-2-8　自营模式的 3 个运作特点

3. 直采自营模式

直采自营模式本质上是指源头采购,也就是目前市场上提及较多的买手制,分为地采和集采两种形式。区域性或单店直采是地采;跨区域集中采购简称集采,是一种高层次的自营模式,是以现款现货形式或购销合同形式进行的商品采购。采用直采形式的零售商会采用自营经营模式。

4. 专柜模式

零售商提供销售场地和部分设备，供应商在符合零售商相关监管条件下，自行安排商品和人员进行经营。零售商按照合同约定收取一定比例的销售提成或租金，供应商承担人员工资及商品损耗。

5. 店中店模式

该模式的本质是专柜模式的延伸，适用于知名生鲜品牌。其特点是供应商按自己品牌形象店的需要，独立对零售商提供场地，装修改造，采用专柜模式进行类似专卖店的经营模式。

四、生鲜电商的5种销售模式

如今，中国生鲜的电商发展，主要使用种5模式：综合电商平台、垂直电商、物流电商、"线上+线下"超市、社区O2O。

表1-2-2　生鲜电商的5种销售模式

名称	特点
综合电商平台	综合电商平台规模比较大，其他模式的生鲜电商在短时间内很难与它们竞争
垂直电商	没有消费者积累，前期发展较困难；在生鲜农产品分类方面更注重消费者需求；比较依赖第三方物流运输，其发展也受物流制约
物流电商	非专业的生鲜农产品供应商，在供应链管理方面挑战巨大
"线上+线下"超市	虽有线上运营，但本质上仍属于线下服务
社区O2O	生鲜电商发展的新突破口，以生鲜微商为代表

1. 综合电商平台

综合电商平台通过收取厂家入驻费来实现赢利和管理。

综合电商平台规模比较大，其他模式的生鲜电商在短时间内很难与它们竞争。综合电商平台的代表有天猫"喵鲜生"、京东商城生鲜频道等。

2. 垂直电商

以中粮我买网，沱沱工社、优菜网、本来生活网、优果网、易果网、青年菜君电子菜箱、社区001、莆田网为代表。

垂直电商模式的特点是：① 没有消费者积累，前期发展较困难；② 在生鲜农产品分类方面更注重消费者需求；③ 比较依赖第三方物流运输，其发展在一定程度上也因此受物流制约。

3. 物流电商

以顺丰优选为代表，在物流和仓储方面具有经验。

该模式的弱点是本身为物流公司而不是生鲜农产品供应商，在供应链管理方面面临巨大挑战。

4. "线上+线下"超市

以沃尔玛、永辉超市为代表。

该模式的特点是，虽有线上运营，但本质上仍属于线下服务。如永辉超市"半边天"，就是线上订货、线下配送的生鲜服务模式。这说明中国生鲜产品的主要营销渠道仍然被线下占据。

5. 社区 O2O

淘宝、京东，顺丰优选、垂直电商等对社区 O2O 都有涉及。它已经成为生鲜电商发展新的突破口。社区 O2O 最具代表性的是微商生鲜，即通过微信公众号、小程序、微商店铺做社区生鲜配送。

五、生鲜超市的 7 种商业模式

生鲜超市容易速生速朽，每个在市场上运营良好的店，都有自己独有的竞争模式。

背靠天猫，自身拥有强大物流网络的易果生鲜；获腾讯青睐的线上平台每日优鲜；合并一米鲜，线上、线下共同发展的百果园；B2B 平台美菜网；新零售领域宠儿盒马鲜生；它们都找到了细分市场的生存发展形式。

从商业模型分析，只要商品毛利额大于履单成本，便可以跑通模式。

1. "线下门店+线上电商" 模式

这类生鲜超市，把实体店作为发展的核心，有独立 App，采用"线上电商+线下门店"的经营模式，把"生鲜超市+餐饮体验+线上业务仓储"三大功能为融为一体。

表 1-2-3 "线下门店+线上电商"模式

模式特点	线上+线下；线上外卖+线下门店，门店集合了展示、餐饮、仓储、分拣等功能
终端	线上 App，线下多家门店
供应链及业态	80% 是食品，生鲜产品占到 20%；分为肉类、水产、水果蔬菜、南北干货、米面油粮、烘焙、烧烤以及日式料理等各区

（1）模式创新

① 生鲜超市零售与餐饮的结合。所购生鲜可在餐饮区直接加工，在提升生鲜转化率的同时带动线下客流增长。

② 线上订单通过门店自动化物流体系实现配送。这类生鲜超市的特点是电商业务与线下门店共享仓储配送体系，仓储成本降低，通过门店向周边客户配送，时效性更强。

（2）运营难点

这类生鲜超市运营管理的难点是店内分拣。以盒马鲜生为例，解决分拣的办法是通过电子标签、自动化合流区等新技术实现效率提升。

2. 线上生鲜电商模式

表 1-2-4　线上生鲜电商模式

模式	线上为主
终端	官网、App、天猫及京东专营店
经营业态和经营特点	水果、蔬菜、水产、肉类、禽蛋、食品饮料、甜点、酒类、礼品礼券等品类，有常温、冰鲜、冻鲜、活鲜等 4 种形式，全程冷链运输，全年无休，鲜活配送

这类生鲜超市运作模式有 3 个主要体系。

（1）自建标准化制度的供应链体系

以易果云象为例，其供应链不只是做采购和批发，还介入上游农业，通过各种形式组织和协调生鲜源头生产，为生鲜生产者提供市场信息，推动农业产品以标准化形态生产。即以销量需求和自建标准化制度推动"农产品上行通道"建设，建立能连接上游农业和销售窗口的流通体系。

（2）网点密集的冷链物流体系

易果旗下的安鲜达冷链物流目前已在全国 15 个城市设立 24 个物流基地，服务范围辐射 300 多个城市。在部分城市，安鲜达正通过搭建高密度的前置仓体系，延伸物流毛细血管。比如，在一线城市设立的 40 多个前置仓，已可以实现 1 小时送达。

（3）积累海量用户的消费数据体系

线上生鲜依靠的是线上流量。比如依靠天猫、苏宁等大型平台来获取流量，从而积累出海量用户消费数据。这些数据一方面能辅助消费端选出更符合用户需求的产品，另一方面能帮助上游供应端做出更符合市场需求的生产计划，从而实现生鲜全链路的运营效率提升。

3. 合伙人模式

对生鲜超市来说，比租金更沉重的负担是人力成本。生鲜超市的人力成本占到销售额的 8%，年增幅为 9%。合伙人模式是解决生鲜超市人力成本不断增长的经营压力的首要办法。

生鲜超市合伙人模式主要有 3 种类型。

图 1-2-9　生鲜超市合伙人模式的 3 种类型

（1）物流外包型"轻运营"合伙人制

物流外包的合伙人制度。比如，超级物种和物流公司合作，特别是和小物流公司合作，超级物种提供订单、设备和服务，物流公司为超级物种配送货物，将信息技术深入运用于产业链。

（2）与供应商产销联盟的合伙人制

产销联合的合伙人制度。生鲜超市通过消费数据共享直接和供应商厂家合作，建立产销联盟；通过联合采购降低成本，整体提升供应链服务水平和采购商品的质量。

（3）超市员工合伙人制

企业内部员工合伙人制度。生鲜超市把超市员工变成企业合伙人、主体经营者，激发草根创业积极性。

这种合伙人制多采用"大平台＋小前端"模式，建立"大公司＋小组织"的管理架构，每个小组织之间相互独立、单独结算。

合伙人团队有较大的经营自主权，可以自行决定成员分红、薪酬标准和招募人员，所产生的费用各团队自行承担。

图 1-2-10　超市员工合伙人制的主要特征

4. 加盟店模式

生鲜超市加盟店模式，以钱大妈模式为主要代表。加盟店模式的本质是 B2B 供应链企业，品牌拥有者赚取加盟费和中间配送差价。

以钱大妈为例，一边对接肉、菜供应商，成为其大批量、低价格销售的渠道商；一边对接加盟店，为加盟者输出商品资源、品牌管理、运营技术等支持。

加盟模式策略的赢利本质是：

① 不用加盟店自己组织进货；② 加盟商自己做产品定价，再赚一次差价；③ 品牌所有者对供应链建设负责；④ 各加盟者可以做差异化营销。

图 1-2-11　加盟店模式的赢利本质

5. 社区生鲜店（坊）模式

中国南北地区差异性大，社区生鲜业态在全国尚无标准模板。江阴华联社区店的"社区生鲜便利店"可以作为这一模式的参考。其运作特色是在社区超市业态中，将"生鲜+便利"的兼容性、匹配度相结合。江阴华联经过多次尝试、更名、调整、升级，找到了社区生鲜店运作模式成功的关键——"做小"和"做足"。

（1）做小

江阴华联社区店的经营面积不大，约为 100 平方米，规模较小。该社区店地处三四线城市，所选社区人口密度不高，分布较分散，要尽可能做小规模才能生存。

（2）做足

江阴华联社区店，做足"生鲜化"，其生鲜全部自营。包括熟食制品等在内的生鲜日配商品销售占比超过 60%。熟食、点心类商品最多时能供应 100 多个品项。整个社区生鲜坊商品数在 2000 个 SKU 左右，包括蔬菜、水果、鲜肉、水产、休闲食品及部分日化、百杂类商品。

6. 社区精致超市模式

社区精致超市与社区生鲜坊有所不同，其特点是生鲜占比稍微弱化，包括熟食在内的生鲜日配商品占比为 30% 左右。

社区精致超市的生鲜运作特点是：① 多引进标准化预包装商品；② 以基地种植、无公害、有机蔬菜等为主打；③ 强调现货现卖；④ 卖相新鲜；⑤ 卖场氛围高端化；⑥ 主打"蔬菜不隔夜"的营销理念，每天下午 19 点至 20 点定时打折处理。

以江阴华联社区精致超市为例。三四线城市市场容量不及一二线城市，精致超市的主要服务人群为城市中产阶级以上的中高端消费人群，需要做高品质的商品。社区精致超市在江阴当地形成了非常好的品牌影响力。

7. 以仓为店模式

即行业中所谓的前置仓模式。本质是以仓为店，将仓库建立在社区周边三公里范围内，商品由骑手从仓库配送至消费者指定的地点。与传统电商相比，前置仓模式由于距离消费者更近，有更快的响应速度和更高的配送效率。

六、典型生鲜超市的运营模式

（一）盒马鲜生模式

盒马鲜生是阿里巴巴对线下超市完全重构的新零售业态，是阿里"动物园"继天猫、菜鸟、蚂蚁金服之后的新成员。

所属公司：阿里巴巴。

业态模式：生鲜配送新零售超市。

开店选址：多为居民聚集区。

服务人群：① 晚上有时间在家的家庭用户；② 基于办公室人群的便利店或轻餐；③ 周末带孩子逛超市的用户。

支付方式：只支持支付宝付款，不接受现金、银行卡等任何其他支付方式（线下门店可现金结算，但有使用限制）。

市场布阵：截至2019年年底，盒马鲜生在全国拥有约200家门店，主要分布在一、二线城市，服务数千万消费者。

1. 服务及产品定位

盒马鲜生的服务定位有客户和产品，有独立的系统及核心资源。这是盒马鲜生区别并领先于其他生鲜超市的原因之一。

表1-2-5　盒马鲜生的市场特征及赢利模式

定位	业态系统	核心资源	赢利模式
客户：80%的消费者是80后、90后 产品：海鲜、生鲜食材、冻品、半成品食材	线上电商 线下门店体验、消费 粉丝互动营销 半成品营销 食材代加工 食材烹饪配料包	天猫商城数据支持 海鲜、冷鲜产品、冻品，海外直采，有强大的供应链支持 自建仓储和物流，3公里内30分钟送达的物流配送体系	商品销售溢价、商品预售

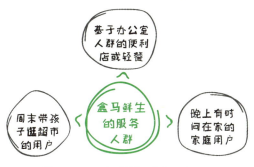

图 1-2-12　盒马鲜生服务的 3 类人群

2. 盒马鲜生的 5 点模式创新

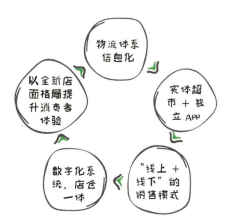

图 1-2-13　盒马鲜生的 5 点模式创新

（1）物流体系信息化

以阿里信息化能力为基础，从供应链、仓储到配送，盒马鲜生运用大数据、移动互联网、智能物联网、自动化等技术及先进的设备，实现人、货、场三者最优化匹配，建立了完整的物流体系。

（2）实体超市 + 独立 App

盒马鲜生实体超市和线上 App 网上超市，采取蔬菜基地直采直供，没有供应商差价，把供应商成本费用直接补贴给消费者，微利运营仍能可持续。

全程冷链运输精细包装，直接进入盒马鲜生超市的冷柜售卖，承诺商品卖不完当晚销毁。

（3）数字化系统，店仓一体

这是时效线上业务中的重要环节，确保下单后 30 分钟内送达。保证这个领先能力的关键有 2 点：
① 没有仓储，"店即仓、仓即店"的规划设置；
② 供应链、销售、物流履约链完全数字化。

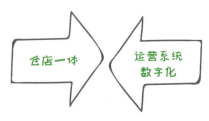

图 1-2-14 盒马鲜生快速送达的 2 点保证

商品到店、上架、线上订单拣选、拣货、打包、配送任务都在门店或者门店后仓完成。作业人员通过智能设备识别和作业，简易高效，出错率极低。盒马鲜生依此实现了快速送达。

（4）"线上+线下"的销售模式

盒马鲜生的销售模式是线上、线下业务高度融合。用户黏性和线上转化率较高。线上订单占比超过 50%，线上商品转化率高达 35%，远高于传统电商。

图 1-2-15 盒马鲜生"线上+线下"销售模式的优点

（5）以全新店面格局提升消费者体验

① 盒马鲜生定位中高端，超市以中高端商品居多，生鲜占比大幅高于传统超市，陈列面积占比约为 50%，休闲食品和日用品占比较少，年轻消费群体占比较高，线下客单价为 120 元左右。

② 盒马鲜生的店铺面积普遍控制在 5000 平方米左右，比传统超市规模小。

③ 店内陈列新潮。抛弃传统超市通常将电器、服装等低频高毛利商品放在入口处的做法，将生鲜等高频低毛利商品放在出口处，通过设计动线引导消费者，提升档次，使消费者体验大大提升。

盒马鲜生的销售策略是以高频消费带动低频消费。动线设计较为自由，靠高性价比生鲜商品吸引消费者，带动其他品类赚钱。

图 1-2-16 盒马鲜生全新的店面格局

3. 盒马鲜生 7 点运营创新

《哈佛商业评论》在 2017 年 8 月评出年度新零售 TOP10，盒马鲜生位列其中。盒马鲜生通过线上服务和线下支付获取用户大数据，基于门店社交和粉丝经济建立起用户黏性，依据数据进行精准营销，采用与传统超市迥异的商品结构和选址布局方法。作为一个新型生鲜超市，它的新思维、新技术手段、新销售服务方式，成为业界重要的活体教材。

（1）线下、线上节约成本，成功导流

① 线下仓储节约成本。盒马鲜生"店即是仓、仓即是店"的模式，让线下门店成了超市的前置仓，获得了比传统仓库低廉的租金，节省成本。线下门店一能保证产品陈列，二能保证配送时效，优质的用户体验和档次感为线上服务背书，实现了线下引流、提升门店效率和做大业绩的目标。

② 线上高客单价平衡费用。线上业务为盒马鲜生搭建出用户体系并搜集大数据信息。线上高客单价还能平衡履单费用。

③ 与 App 手机应用实现合作引流。市场上成熟的外卖 App 都拥有果蔬生鲜和超市便利等频道，盒马鲜生新零售业态随时能与美团外卖等 O2O 企业合作，外卖企业成熟的后台系统给致力于发展线上业务的盒马鲜生新零售提供了强有力的技术支持。

借助合作企业之间的手机应用层面互相引流，提升配送能力，能降低人力成本，提高配送效率。这种良性循环加强了用户体验的好感度。

图 1-2-17　盒马鲜生的"线上 + 线下"优势关系

（2）"生鲜 + 餐饮"模式做营销

生鲜品类季节性强，不易存储，耗损大，消费频次高，电商在此方面无法做更多渗透，这为实体生鲜超市构筑了保护网。

盒马鲜生的销售策略有 3 个：

① 设置餐饮区。部分生鲜支持现买现做即时吃。

② 设置专门活动区域。定期组织活动，如包饺子亲子活动、厨艺比拼、大闸蟹试吃大会等。

③ 组织特色社交互动。增加商家与顾客、顾客与顾客之间的交流。加强客户在店逗留时间，促进临期生鲜商品处理，提高顾客消费的可能性，形成小范围粉丝群体。线上微信群等方式使得粉丝群体运营比以往容易。群体内部信息共享，能够大幅提升顾客黏性和回购率，带动生鲜尤其是水产类商品的销售。

27

图 1-2-18　盒马鲜生"生鲜 + 餐饮"模式做营销

（3）移动支付提高精准营销

盒马鲜生 App 的移动支付带来销售便利，产生后台数据为未来精准营销打下重要基础。根据市场的公开数据，上海盒马鲜生部分店面线上销售占比已超过全店销售的 50%。

（4）细致处理高定价商品，降耗损

盒马鲜生的定位是精品超市路线模式。高溢价生鲜商品都有精心的处理策略：果蔬统一包装、无散装售卖、不支持拣选、提供进一步加工的生鲜商品、提供净菜（处理好的菜品原材料）并配以所需调料。

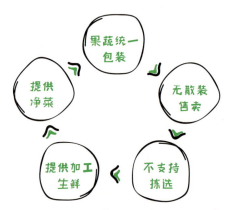

图 1-2-19　盒马鲜生精心处理生鲜的 5 种方法

这样带来三个运营好处。

① 降低耗损。损耗率高一直是生鲜商品运营的一个大问题。在中国，果蔬、肉类、水产的损耗率分别达到 25%、13%、17%，显著高于欧美发达国家。盒马鲜生的果蔬商品均进行初步包装，部分商品还进行了一定的预处理，降低由客户挑拣果蔬而产生的损耗。

② 一定程度上实现了生鲜标准化，便于网络下单。

③ 符合现代人逐步加快的生活节奏。吸引年轻、高时间价值客户，享受更高溢价，提升毛利率。

（5）用细节品质降低价格敏感度

盒马鲜生的目标群体是 80/90 后中的中高端年轻群体，他们更关注品质和时间效率，价格敏感度较低。

店内非生鲜类产品，如休闲食品和日用品等，比传统超市价格更高。有调研企业对除海鲜外的20种代表性单品做了价格对比，盒马鲜生的20种商品价格均高出9.51%。

（6）新潮科学的动线布局提升用户体验

传统超市的布局特点是：

① 出入口固定而单一，对顾客有明显的路线指引；

② 生鲜等购买频次高或受欢迎的商品布局在超市后方，电器、促销商品或其他冷门商品放置在靠近入口处，用高频低毛利的生鲜带动低频高毛利的服装电器销售。

盒马鲜生的布局与其相反：

① 水产、海鲜通常放在主要入口位置，通过大龙虾、帝王蟹等商品给用户强烈的视觉冲击，从而吸引客户进店；

② 用高定价商品建立本店品质档次感；

③ 采用一店多出入口的布局方式，生鲜入口即见。

消费者行动自由，真正实现了用户中心原则。

（7）用大数据资源技术做运营后盾

盒马鲜生利用大数据信息有效避免了传统零售商运营容易出现的4个问题：会员体系粗糙、用户定位不明确、推送信息无针对性、无法避免用户流失。

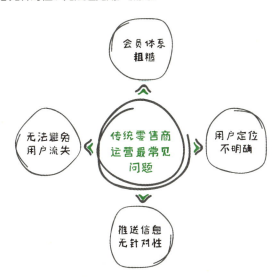

图1-2-20 传统零售商运营最常见的4个问题

盒马鲜生在线上和门店获取到的大数据，为企业提供了4个运营保障。

① 快速实现对用户的精准定位。

② 提供商品结构调整依据。

③ 降低获客成本。

④ 为门店提供选址依据。各个门店内部产生的大数据，能分析和测试人流量、密集度，能反映出备选门店周边的客群特征。这些数据都是决定门店选址和分析生存状况的关键。

（二）永辉生鲜超市模式

永辉超市成立于 2001 年，是福建省的大型民营企业。公司主要经营生鲜、食品用品等，位居中国连锁企业前 10 强，是中国传统商超升级中最成功的一家超市。

管理上的超级合伙人制度，为其创造良好的经济收益起到了重要作用。

永辉超市多年积累下的"生鲜供应链＋零售效率提升"已经成为核心竞争力，至今线下生鲜超市店较互联网仍保持着领先优势。

所属公司：永辉超市股份有限公司。

业态模式：天天平价的"生鲜食品超市"，生鲜属性社区便利店。

服务人群：社区居民。

1. 模式特点

① 供应链优势强。生鲜商品进货渠道通过直接采购、订单农业、自有基地三种方式保持供应。

② 生鲜占比高。卖场内生鲜占比 50%，生鲜销售业绩占比 50%，生鲜员工人数占比 50%，是永辉生鲜的特色，远高于比自己总销售额更高的巨头大润发。

③ 积极孵化新业态。诸如绿标精品超市这样能带来增长的新主题。

④ 管理效率高。基于员工的"下沉式"合伙人制度是其成功的秘诀。

2. 管理模式创新

2019 年，永辉生鲜超级物种从永辉云创剥离，并通过股权变更、重组董事会完成组织模式改造。

永辉定位取名为"超级物种"，取意物种不断进化的属性，代表着自由组合之意。即根据城市、商圈的不同属性，进行不同物种配比和团队组合，不在业态构成上做标准化管理。

图 1-2-21　永辉旗下的生鲜超市与超级物种

永辉生鲜的升级改造围绕"到店、到家"两大业务布局调整业态。调整举措有四点：新开大卖场、探索小型店和 mini 店、进军社区团购、开拓战略协同业务。

第二节 ○ 生鲜超市的主流模式

图 1-2-22　永辉生鲜超市的升级改造举措

3. 竞争对手定位

永辉生鲜不将农贸市场作为竞争对手，而在销售方式、价格、品种结构、自选方式的开放度等方面赶超；用低于农贸市场 10% 的价格，作为永辉生鲜占领市场的"杀手锏"，以留住一部分客源。

4. 运作模式 4 点创新

永辉超市以大力开展业务整合的形式进行生鲜市场实践，完成了 4 点创新。

（1）智能超市——体验式新零售

永辉超市服务创新的第一个试点是全新智能概念的体验超市。

首店落在重庆华润二十四城万象里，经营面积约 7000 平方米。是以"生鲜超市 + 餐饮体验 + 永辉生活 App"为核心，线上、线下相结合的"体验式新零售"应用超市。

经营主题是：吃、逛、玩。

（2）到家服务——永辉生活卫星仓

永辉生活卫星仓是永辉与腾讯首次共同布局的到家业务新模式。首店在福州落地。

生活卫星仓是永辉基于满足用户线上到家消费需求的实战性团队。用户通过永辉生活 App 和微信小程序下单，由永辉生活卫星仓履单，为周边 3 公里范围内的用户提供品质生鲜、全球好货，最快 30 分钟配送到家。

（3）社区团购业务

永辉社区团购业务的首批试点落在深圳和广州，未来会外延至佛山、东莞、惠州乃至郑州、上海等地。这项业务并不通过社区团购小程序或永辉生活 App 进行，而是利用第三方系统工具开展。

（4）永辉超市 mini 店

已在福州、成都、重庆等地进行试点，面积为 300~500 平方米，以生鲜为主打，目前门店数量超过 20 家。南京等区域的永辉超市 mini 门店也在陆续开业中。线上方面，支持京东到家的配送服务。

图 1-2-23　永辉生鲜超市运作模式创新

七、小而美型生鲜超市模式

生鲜商品对鲜度、品质的管理要求高，且易产生损耗；作为日常食材，需要价格"亲民"。就租金成本、人力成本来说，超小型生鲜超市要生存，就需要找到独特的生存模式才能成功。

1.MY BASKET：天天低价

在日本超小型生鲜超市中，已成规模并赢利的是永旺旗下的 MY BASKET。截至 2017 年 12 月，MY BASKET 已开出几百家门店，遍布东京、神奈川县和北海道。MY BASKET 使用的是 EDLC(Every Day Low Cost) 路线，即天天低成本。

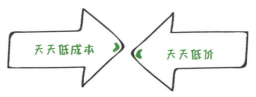

图 1-2-24　MY BASKET 的低价路线

2.社区生鲜店——百果园

2017 年 7 月，百果园线上单月销售额突破 1.2 亿元，线上日销售额峰值达 600 万元，线上会员数突破 500 万人，线上月度复合增长率保持在 25% 以上，且实现规模化赢利。

（1）经营模式

① 百果园的经营模式是线下为主，线下到线上形成闭环。
② 供应链是农场按照要求做 OEM（代工），全部包销。
③ 采购标准是到源头采购，向供应商和贸易商订购，从批发市场采购。
④ 开店选址结合未来线上业务发展做决策，不仅构建成全国最大的生鲜自提网络，还很好地解决了生鲜最后一公里配送难题。百果园还在探索 B2C，不断满足多样化的消费场景。

（2）经营特点

① 为到店顾客提供"望、闻、问、切"的体验式消费。
② 提供线上瞬间退款服务，退款比例为 5%～100%。
③ 为周围 3 公里范围内的顾客提供外卖服务。
④ 提供水果清洗、去皮、开切等服务。
⑤ App 提供按实际称重差额退款等服务。

（3）建立产业 7 大平台

在产业化、体系化方面，百果园提出打造以产业互联网为核心的 7 大平台，即标准化种植平台、金融平台、交易平台、供应链平台、营销服务平台、销售平台及数据分析平台。

通过建立产业标准，构建以"百果园模式＋金融"为主的果业生态圈。

第三节 生鲜超市运营必备概念

一、生鲜相关概念

1. 生鲜

未经烹调、制作等深加工过程，只做必要保鲜和简单整理后而上架出售的初级产品，以及面包、熟食等现场加工品类的统称。目前生鲜商品主要有水果、蔬菜、肉品、水产、干货、日配、熟食、糕点等，是家居饮食一个极其重要的组成部分。

2. 生鲜超市

经营农贸市场所有、家庭厨房所需商品的零售卖场，是农贸市场与现代超市相结合的产物。

生鲜超市借助互联网、信息数据和技术，采用"生鲜+"模式，如生鲜+餐饮+商品零售+外卖+O2O等多种组合模式，是提高零售效率，提升购物体验，彻底重构以生鲜为核心的人、货、场关系的新型超市。

3. 生鲜的经营价值

以生鲜作为主题或者超市的一个品类区，其对超市的作用来自3个方面：集客能力、赢利和差异化经营。

图1-3-1 生鲜对超市的3个作用

（1）集客能力

指出于商业经营目的而针对消费者生活需求，充分利用商业设施，最大限度吸引消费者，使他们有计划地在此消费金钱和时间的能力。

生鲜是顾客购买频率最高的商品，顾客常把门店是否经营价格实惠、商品质量高的生鲜商品作为选择购物场所的重要标准。因此，生鲜区域是驱动整个门店销售的灵魂，是门店经营的命脉，是集客能力的重要来源。

（2）赢利

赢利企业、经营性组织获取经营利润的能力指标。良好的生鲜经营是门店赢利的重要来源。

（3）差异化经营

在超市经营商品趋同的状况下，能够反映超市经营特色、形成超市差异化的重要项目之一。

二、生鲜超市商品概念

行业内把生鲜商品按加工程度和保存方式不同，分为3大类：初级生鲜商品，冷冻、冷藏生鲜商品和加工生鲜商品。

图 1-3-2　生鲜商品类别

1. 初级生鲜商品

初级生鲜商品包括新鲜的、未经烹饪等热加工处理过的蔬菜和水果，家禽和家畜，水产品中的鱼类、贝类等，以及经过简单处理后冷藏、冷冻或常温陈列架上售卖的商品。

2. 冷冻、冷藏生鲜商品

主要分为冷冻食品和冷藏食品两类。

图 1-3-3 冷冻、冷藏生鲜商品

3. 加工生鲜商品

经过烹饪等热加工处理后的熟食、面包点心和其他加工食品。

图 1-3-4 加工生鲜商品

综上所述,生鲜超市主要经营的内容全品类如下图所示。

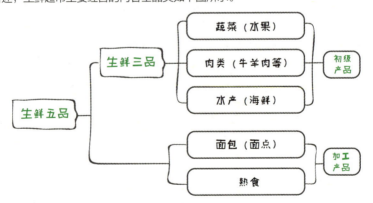

图 1-3-5 生鲜经营内容分类图

三、生鲜经营概念

1. 客单价

客单价＝当日销售额/当日销售笔数。

2. 价格带

也叫价格区间，指一种商品的销售价格范围，以最低价格和最高价格的上、下限为其价格宽度。宽度越大，所对应的顾客层越广。

3. 坪效

指终端卖场 1 平方米的效率，是评估卖场实力的一个重要标准。
计算方法为"销售业绩/店铺面积"，即平均每平方米的销售金额。
每平方米效率越高，卖场效率就越高，同等面积条件下实现的销售业绩也就越高。

4. 业种

行业的种类。

5. 客层

根据消费者的消费力而划分的不同顾客层次。

6. 毛利润

商品销售收入减去商品原进价后的余额，又称商品进销差价。因其尚未减去商品流通费和税金，所以还不是净利润。

7. 提袋率

消费者购物的比率。进卖场的总人数和实际购买人数的比例，反映卖场客流量和实际有效客户的比例关系，用来评定一个商业的整体效益。

8. 剥离率

剥离率＝（到店的总人数/经过通道的总人数）×100%。

9. 客单量

客单量 = 总成交额 / 到店的总人数。

四、店铺类型基本概念

1. 专业商店

经营产品线单一，所含的花色、品种、规格却较多，如：运动用品商店、家具店、家电店、花店、书店等。

2. 专卖商店

以专门经营或被授权经营某一主要品牌商品为主的零售业态。

3. 百货商店

经营几条产品线。每一条产品线都作为一个独立的部门，发展为经营大众、时尚、高档、精品百货类商品的商店或购物中心。

4. 购物中心（广场）

指多种零售店铺、服务设施集中在企业有计划地开发、管理、运营的一个建筑物内或一个区域内，向消费者提供综合性服务的商业集合体。

5. 超级市场

一种规模相对较大、低成本、低毛利、高销量、自助式的零售组织，采取自选销售方式，以销售生鲜商品、食品和向顾客提供日常必需品为主要目的的零售业态。

超级市场通过开设大型商场、增加商品品种、采用自有品牌、减少对全国性品牌的依赖等来扩大销售量；现在发展为标准食品超市、生鲜加强超市、精品超市、综合超市、大卖场等业态。

6. 便利商店

以满足顾客便利性需求为主要目的零售业态。面积相对较小，小于100平方米，位于住宅区附近，营业时间为16～24小时，经营周转快的方便商品，毛利率较高，通常为18%～20%。

7. 折扣商店

出售标准商品，价格低于一般商店，薄利多销，提供最流行的全国性品牌和自有品牌的零售业态。主要出售民生必需用品，以最低销售价格吸引顾客，只提供有限的顾客服务，面积在 500 ～ 1500 平方米之间，2000 个单品左右，也有小型折扣店面积仅为 200 平方米左右。

8. 仓储式（或量贩式）会员制商场

建在城乡结合处交通比较便利的地方，营业面积为 5000 ～ 25000 平方米，有大型停车场，购物环境宽敞舒适，装饰朴素实用。主要客群是大中小企业、政府机构、非营利组织、某些大公司及家庭顾客。采用走动式管理，一般为现金交易，采用中央采购、中央结算的连锁经营方式。

9. 奥特莱斯

品牌折扣店，专指由销售过季名牌、下架或断码商品的商店组成的购物中心，也被称为"品牌直销购物中心"。

五、店铺模式基本概念

1. 零售业态

零售企业为满足不同消费需求而形成的不同经营形式。

2. 连锁经营

企业经营若干同行业或同业态的店铺，以统一商号、统一管理或授予特许经营权等方式组织起来，共享规模效益的一种经营组织形式。

3. 直营连锁（正规连锁）

连锁门店由连锁公司全资或控股开设，在总部的直接控制下，开展统一经营。

4. 自由连锁（自愿连锁）

若干个门店或企业自愿组合起来，在不改变各自资产所有权关系的情况下，以共同进货为纽带开展的经营。

5. 特许连锁（合同连锁、加盟连锁）

特许连锁店的门店同总部签订合同，取得使用总部商标、商号、经营技术及销售总部开发商品的特许权，经营权集中于总部。特许连锁店的门店均为独立法人。

6. 直营店

以同一资本直接采取连锁经营的门店，也称连锁店。

7. 加盟店

以特许连锁方式经营的门店。

8. 连锁超市公司

连锁超市（便利店）公司由10个以上门店组成，实行规范化管理，必须做到统一订货，集中合理化配送、统一结算，实行采购与销售职能分离。

连锁超市（便利店）公司由总部、门店和配送中心（或委托配送机构）构成。

六、组织机构基本概念

1. 总部

总部是连锁公司经营管理的核心，它除了自身具有决策职能和监督职能外，还具备以下基本职能：网点开发、采购配送、财务管理、质量管理、经营指导、市场调研、商品开发、促销策划、人员招聘、人才培训、教育及物业管理等职能。

2. 门店

门店是连锁经营的基础，主要职责是按照总部的指示和服务规范要求，承担日常销售业务。

3. 配送中心

配送中心是连锁公司的物流机构，承担着商品的集货、库存保管、包装加工、分拣配货、配送、信息提供等职能。配送中心由分货配货(TC)、流通库存(DC)、生鲜加工(PC)3部分构成。

七、零售商业基本概念

1. 商圈

指零售店以其所在地点为中心，沿着一定的方向和距离扩展，吸引顾客的辐射范围，简单来说，就是来店顾客所居住的地理范围。

2. 业态定位

根据当地的市场条件和商业项目的规模、面积、物业现状，进行业态定位和市场定位，科学地确定项目的经营形态和目标市场。

3. 楼层定位

根据商业项目的面积、形状、层数，合理确定各楼层的商品经营类别、面积、区位，确定各楼层服务设施的配套和分布。

4. 环境设计

对商业企业的室内共享空间、灯光效果、商业氛围、购物环境，以及外立面、外广场、橱窗、广告位等进行设计。

八、零售卖场空间基本概念

1. 动线

在商业地产中，动线是指商场的布局使顾客自然行走、购物的轨迹，是顾客在商场里流动的线路。良好的动线设计可诱导顾客在店内顺畅地选购商品，避免卖场产生死角，提高卖场坪效。动线设计对购物中心、大卖场及超市尤其重要。动线分为主动线和次动线，主动线的宽度一般为2~3米，次动线的宽度一般为1.2~2米。

2. 动线设计

对商业企业的客流动线、物流动线、人流（员工）动线、车流交通进行平面及立体设计。

3. 物理动线（隐形动线）

物理动线是根据人的行走、驾驶等习惯，在不受任何干扰情况下自然形成的人流、物流、车流动线。

4. 强制动线

强制动线是在物理动线的基础上，根据业态规划与动线设计的需要，强行将动线阻隔和引导，以达到既定目的。

5. 柔性动线

柔性动线是为了达到既定目的，通过一定的引导方式（如人为引导、构筑景观、构筑特色小品），来吸引人流、车流等。

6. 通道

分为主通道与副通道。主通道是诱导顾客行动的主线，副通道是顾客在店内移动的支流。良好的通道设置，能引导顾客按设计的自然走向，光顾卖场的每一个角落，接触所有商品，使卖场空间得到最有效的利用。

7. 进深

在建筑学上，进深是指一间独立的房屋或一幢居住建筑从前墙皮到后墙壁之间的实际距离。

8. 层高

指下层地板面或楼板面到上层楼板面之间的距离。

9. 强弱电

强电是指 220V 以上的不安全电压；弱电是指 36V 以下的安全电压。

10. 给排水

由水平干管、立管和支管等组成的给水管道系统和排水管道系统的简称。

11. 防火分区

在建筑中采用耐火性能较好的分隔物将建筑物空间分隔成若干区域。

12. 防烟分区

通过设置挡烟设施将烟气控制在一定范围内，以便用排烟设施将其排出，保证人员安全疏散和消防扑救工作顺利进行。

13. 死角

因信道交叉或其他物体阻碍而无法看到的地方。

14. 退缩线

商场内相邻两个专柜之间的间隔墙，为了不影响透视效果而退缩的部分。

九、卖场常用设备、用具

1. 店面

店面是商店建筑物本身的整体物质面貌，包括商店招牌、入口处、橱窗、商店规模，以及高度、建筑材料等内容。商家通过店面向消费者呈现最基本的形象。

2. 柜台

柜台是供营业员展示、计量、包装出售商品及顾客参观挑选商品所用的设备。柜台或全部用于展示商品，或上部展示商品，下部用于贮藏。

3. 货架

货架是营业员工作现场中分类、分区地陈列商品并少量储存商品的设施，是商场用来存放商品、展示商品的金属架。货架通常有几种类型：有承重式的，高达几米；有较矮的，与人的身高差不多。每一种货架都有其专用的配件。

4. 端架

货架两端的位置，也是顾客在卖场经过频率最高的地方。

5. 电脑中心

商场里的电脑信息中心。

6. 销售区域

商场中销售商品的区域，也是客人可以自由购物的区域。

7. 精品区

陈放不适合用开架方式进行销售的商品的封闭区域，一般采取单独付款方式。

8. 堆头

即促销区，通常用栈板、铁筐或周转箱堆积而成。

9. 收银台端架

收银台前面用来陈列货物的货架。

10. 专柜

指精品区、烟酒区用来陈列贵重商品的玻璃柜。

11. 冷藏柜

用来陈列冷藏食品的冷柜，温度在 0 ~ 5℃。

12. 冷冻柜

用来陈列冷冻食品的冷柜，温度在 -18℃以下。

13. 冷藏库

用来储存冷藏食品的冷库，温度在 0 ~ 5℃。

14. 冷冻库

用来储存冷冻食品的冷库，温度在 -18℃以下。

15. 购物车 / 篮

顾客购物时用的推车和篮子。

16. 促销车

专门用来在超市中做商品展示和试吃等活动的车子。

17. 冰台

超市中专门用来展示、陈列商品的金属台，台上覆盖冰碎以保持温度。

18. 铝梯

超市中用来到高处取放货物的铝质梯子，带自锁安装。

19. 叉车

超市中用来运输货物的车辆，有手动和电动两种。

20. 卡板

木制或胶制的用于放货、运货的栈板。

21. 货架配件

货架上的配件，主要有层架、支架、挂钩、篮筐、挂篮、挡篮等。

22. 电子秤

对以重量进行销售的商品进行称重的设备。

23. 压纸机

对商场内的空纸箱进行压制处理的机器，一般设在收货部。

24. 收银机

又称 POS（Point Of Sales）机、销售信息管理系统，主要执行收银的功能。

25. 防盗门

超市中设置的电子系统防盗门，具有防盗、报警功能。

26. 防盗标签

用来防止盗窃的磁性标签或磁扣。一般对贵重商品、服饰、鞋等，多用防盗标签。

27. 取订器

用来摘取防盗磁扣的设备。

28. 收银小票

顾客购物结账后，给顾客的商品清单，可作为顾客付款的凭证。

十、生鲜超市常用术语

表 1-3-1　生鲜超市常用术语

类别	序号	术语	含义
卖场类	1	主通道	商场布局中的主要通道,一般比较宽,是客人大量通过的地方
	2	紧急出口	当发生紧急情况(如火灾)时,可以逃离商场的出口,平时不使用
	3	安全通道	超市建筑物在设计时留出来的防火通道,以应对紧急疏散情况
	4	中庭	大中型综合商场,特别是大型商场的公众活动空间
	5	竖井	指井状竖向空间,内设管道、通风、电缆等
	6	员工通道	超市内部员工上下班进出的通道
	7	电脑中心	商场里的电脑信息中心
	8	销售区域	商场中销售商品的区域,也是客人可以自由购物的区域
	9	精品区	不适合用开架方式进行销售的商品封闭区域,一般采取单独付款方式
	10	用具间	超市中用来存放与商品陈列有关的用具、道具的房间
	11	更衣室	员工用来更换工装的房间
	12	更衣柜	员工用来存放工装或私人物品的柜子,一般设在商场外部
工作岗位类	13	促销员	厂商为了更好地销售、宣传其商品而派驻商场的员工
	14	培训教练	负责培训本部门员工的资深职员。一般由经验丰富、熟悉工作、表现优秀的人员担任,可以是管理层或员工
营销类	15	会员	会员制超市所发展的特定顾客群体,享有特定的商家优惠,如优惠的会员价、免费收到商品的特价快讯等
	16	广告 POP	Point Of Purchase Advertising,销售点广告,指超市中能促进销售的广告。为宣传商品、吸引顾客、引导顾客了解商品内容或商业性事件,诱导顾客产生参与动机及购买欲望的商业广告,简称"购买点广告"
	17	DM	英文 Direct Mail 的缩写,意为快讯商品广告,通常由 8 开或 16 开广告纸正反面彩色印刷而成,采取邮寄、定点派发、选择性派送到消费者住处等方式进行宣传,是超市最重要的促销方式之一
管理类	18	员工大会	超市中全体基层员工参加的会议。主要起分享信息、传达政策、培训、激励士气等作用
	19	晨会	每日开店前每个部门或整个超市值班管理层召开的会议,一般限制在 15 分钟以内
	20	工作日志	不同班次用来书写工作交接内容的笔记本
	21	管理层周会	每周整个超市的管理层召开的营运沟通会议,一般限制在 2 小时以内
	22	班次	表示员工具体上班时间。不同的班次有不同的代码,如早班是 A,晚班是 B 等。班次应在部门的排班表上明确标识
	23	营运报告	超市中各种由电脑中心打印的用来帮助、监控营运管理的系统报告
	24	交接班	同岗位不同班次进行的工作交接
	25	二八定律	20% 的专柜产生 80% 的利润
	26	巡店	超市管理层进行的巡视卖场的工作
	27	市场调查	对同类的存在竞争关系的超市进行商品、价格、服务、促销方面的调查
商品类	28	陈列图	说明商品如何在货架上进行摆放的示意图。正常货架销售的商品必须按陈列图进行陈列,不得随意更改
	29	价格标签	用于标示商品销价等内容并辅助定位管理的标签。价格标签必须机印,不得手写,在电脑中心申请打印

续表

类别	序号	术语	含义
商品类	30	价格牌	用于标示商品售价等内容的标识牌。价格牌必须用公司设计的纸张机印，不得手写，在电脑中心申请打印
	31	条形码	用以表示一定商品信息的国际上通用的符号。一般印制在商品外包装上，是黑白相间的条纹图案
	32	店内码	超市内部编制的条形码，在遇到无条形码商品或商品条形码损坏等多种原因造成的条形码失效时使用。店内码在收货部申请打印
	33	生鲜条码	称重商品的价格条码，由电子磅秤在称重时打印出来
	34	SKU	商品的最小分类，即 Stock Keeping Unit，单项商品
	35	3C 产品	Computer（电脑产品）、Comunication（通信产品）、Consumer（消费电子产品），将这些相关的产品放在一个大的卖场，以共同的销售模式与服务方式经营，由于各品类的品牌与商品特性有些相似，因此许多营销操作可以享有共同资源，对消费者而言，也有相对的便利性
	36	商品	超市中用来销售的物品
	37	赠品	为了刺激销售，对购买某商品的顾客进行搭赠，搭赠的商品即为赠品。可由厂家或商家提供
	38	促销试品	促销时所用的试用（吃）商品
	39	自用品	超市各个部门自用的办公耗品，如文具等。自用品上必须有自用品标签
	40	零星散货	顾客遗弃在非此商品正确陈列位置的商品。如遗留在收银台、其他货架、购物车等地方的商品。零星散货必须及时收回，特别是生鲜的散货
	41	空包装	只有包装没有商品。空包装应交由安全部处理
	42	保质期	商品质量的保证日期
	43	生产日期	商品生产出来的日期
	44	营业高峰	每日较多顾客购物的时间段，也是营业业绩较高、结账客人较多的时间段
安防类	45	消防演习	商场定期进行的消防方面的预演
	46	报警电话	商场内部用来报警或求助的专用电话
卖场管理类	47	销售单位	超市中某商品销售的单位，也是计算库存的单位
	48	PLU 码	电子磅秤中用来表示不同商品的代码
	49	订货单位	超市中某商品订货的单位
	50	商品编号	为方便管理，在电脑系统中，为每一种商品所编的号码，一般为 8 位数
	51	供应商编号	为方便管理，在电脑系统中，为每位供应商所编的号码，一般为 5 位数
	52	大组号	商品分类大组的号码
	53	小组号	商品分类小组的号码
	54	理货	把凌乱的商品整理整齐、美观，使其符合营运标准
	55	补货	理货员将缺货的商品，依照各自规定的陈列位置，定时或不定时地将商品补充到货架上去的工作
	56	缺货	某商品的库存为零
	57	换货	顾客或商场按有关规定将所购商品与商场或厂商进行交换
	58	退货	顾客或商场按有关规定将所购商品退回给商场或厂商
	59	内部转货	店内不同部门之间进行的商品转货
	60	并板	把两个或两个以上卡板的商品，有条理地合并在一个卡板上
	61	码货	堆放商品
	62	过磅	收货时，对以重量为进货单位的商品进行称重

续表

类别	序号	术语	含义
卖场管理类	63	拉排面	商品没有全部摆满货架的时候,根据先进先出原则,将商品向前排列,使排面充盈、丰满的动作
	64	先进先出	先进的商品先销售
	65	库存更正	对电脑系统中的库存数据进行修正
	66	销售价格	商品在超市中标示的卖价,是含税价格,也是收银机内的价格
	67	系统订单	电子订货系统所出的订单,用于商店的日常订货管理
	68	负库存	由于电脑记录的库存数量小于该商品的实际库存数量而导致的负数差异
	69	滞销	指商品销售业绩不好或很难卖出
	70	清仓	对品质有瑕疵或滞销、积压、过季的商品进行降价处理的活动
	71	报损	由于破包、报损等原因导致商品完全失去或不能维持其使用价值,按废品进行处理的商品
	72	丢弃	专指生鲜部门报损的商品
	73	生鲜盘点	生鲜部门每月定期对库存进行清点,以确定该期间的经营绩效和损耗的工作
	74	试吃	对食品进行现场加工,让顾客现场品尝的活动。或指生鲜部门为鉴定商品质量而进行的少量品尝
	75	换档	相连两期快讯的更换。相应快讯商品的陈列、价格要更换
	76	消磁	在收银后对贴在商品上的防盗码进行解除磁性的动作
	77	团购	一次性地大量购物
	78	工伤	员工或顾客在本商场内发生的意外受伤事件。发生工伤后,应立即通知安全部门
	79	评估	对员工在一定时间内的工作表现、业绩进行公正评定的工作

第二章

生鲜超市前期筹划

第一节
生鲜超市选址及客群调研分析

门店选址是生鲜超市布局的重要一环。在进行生鲜超市选址前,一要做足相应攻略,二要明确超市的定位。根据定位找到最适合开店的位置是生鲜超市经营的第一个工作。

一、调研工作筹备

在调研筹备的工作中,有5项关键工作。

1. 工作1:明确调研目标

这点常被专业人士省略。确定调研目标决定了本阶段调研的工作量和调研重心。

2. 工作2:排列调研重点

(1)分解调研目标

明确调研目标后,就要开始对目标进行有秩序、有策略的分解。分解原则是将厚重的目标透明化、分散化,将大目标分解为小目标,将大困难分解成多个小困难,逐一解决。

图 2-1-1 分解调研目标的原则

（2）排列问题分类

分解完目标，调研组要提出项目的调研重点或疑难问题，分类排列好，再提炼出核心问题。在罗列问题的过程中，找到解决问题的方法和执行思路，通过梳理、整合、提炼，逐步接近本次调研的核心目标。

3. 工作 3: 制定调研计划

制定调研计划主要包括四点内容：什么时间、在什么区域、多少人参加、使用什么调研工具。

图 2-1-2　调研计划包括的内容

4. 工作 4: 熟悉调研工具

调研设计常涉及 2 种调研工具：调研表格、调研问卷。

（1）调研表格

调研表格要重点体现定量调研的核心问题。项目不同，调研表格就不同。设计调研表格，最忌讳直接把他人的调研表格改头换尾拿来使用，这不符合调研"具体问题具体分析"的原则。

（2）调研问卷

设计调研问卷一定要考虑目标人群的认同度，即调研对象愿不愿意回答这些问题。提问方式要根据项目实际情况设计。

5. 工作 5: 培训、考核调研人员

在调研工作开始前，要对所有调研人员进行系统培训。培训内容主要包括：阐述调研目标、明确调研重点与确定核心问题。

培训的目的是让调研者清楚地了解项目背景、调研任务，同时进行专项知识讲解，使其了解生鲜超市建店的核心知识，从而保证本次调研的科学性，得出准确结论。

二、严谨调研原则

调研执行要遵循 3 个原则，能否严格遵循这 3 个原则决定了本次调研的成败和成效。

1. 原则 1：调研态度认真

调研人员在执行调研时，首先要做到态度认真。态度不认真会导致调研失败，其他工作的推进也会因此受到阻碍甚至误导。

态度认真主要体现在以下两方面：身体力行，不怕吃苦；集中精力，全力以赴。

没有调查就没有发言权，项目核心层负责人也要参与重要的市场信息调研，力求尽可能多地把握项目和市场信息。

2. 原则 2：调研数据准确

调研数据准确与否决定项目的成败。

调研问卷完成收集后，调研主管要全部进行审核签收。调研管理部门对问卷进行抽审，项目负责人对个别问卷进行回访。问卷审核签收时要检查问卷答题是否按要求进行，力求调研数据准确。

图 2-1-3　调研问卷收集要求

保证调研数据准确的办法有 3 点：

① 调研内容应全部具备完备性，填写齐全、规范；

② 对不合格表格坚决处罚，不能"下不为例"；

③ 调研人员出现错误时，主管人员要及时提示和警告，避免调研团队再次出现同样的错误。

图 2-1-4　保证数据准确的关键点

3. 原则 3：调研总结会质量高

开好调研总结会是调研结果精确的保障。调研总结会的目的是让调研人员准确、及时地反映客观情况，摒弃错误内容，及时调整工作方法。高质量的调研总结会要经过四个流程。

① 调研人员依次汇报调研过程。

② 调研人员汇报内容要突出重点，简明扼要，拒绝流水账。

③ 发现问题，反馈问题，能反映出客户对项目的了解和理解程度。

④ 明确调研成果。充分利用调研总结会，及时发现、纠正调研过程中存在的问题，提高调研水准。

三、选址调研步骤

1. 步骤1:决定宏、微观选址

生鲜超市项目的选址调研价值体现在 2 个方面:
① 宏观选址,即对某个国家、地区、城市的选择;② 微观选址,即对某个街区及具体位置的选择。

2. 步骤2:判断城市的类型

一个生鲜超市,要判断所进入城市区域的基本属性,就要对其做出类型判断,比如:中心商业区、次级商业区、专门商品商业区、居民街坊区,近郊区等。

图 2-1-5 调研所进入城市区域的基本类型

3. 步骤3:商圈辐射力调研

生鲜超市做店铺选址时,必须研究商圈辐射力,商圈辐射力调研包括 3 步:
① 了解商圈区域范围、商圈构成及商圈特点;
② 了解商圈内人口因素;
③ 了解商圈市场因素及非市场因素资料,并由此评估经营效益,确定大致选址地点。

以上结论得出的数据基础是,确定店铺能吸引顾客的地理区域,即来店顾客居住的地理范围。这个范围是以店铺所在地为中心,向四周扩散形成的店铺吸引顾客的范围。

图 2-1-6 商圈辐射力调研步骤

4. 步骤4：其他生鲜超市竞争情况

调研本商圈内现有竞争者的数据信息。调研内容包括：

① 商业形式、位置、数量、规模、营业额、营业方针、经营风格、经营商品、服务对象，以及所有竞争者的优势与弱点分析；

② 竞争的短期与长期变动；

③ 本商圈同类商业的饱和程度；

④ 现有商店的数量、规模分布；

⑤ 新店开张率、所有商店的优势与弱点、短期和长期变动等。

四、选址调研流程

生鲜超市选择店址的好坏，直接决定其日后的经营命运。

消费者接纳一个生鲜超市的前提是，所销售的产品新鲜、便利、便宜，能够一次性购齐。消费者的这些基本需求，可以归纳为四点：

① 超市与消费者的距离；② 顾客结账时间；③ 超市附近停车便利程度；④ 店内商品品类齐全度。

图 2-1-7　消费者购物便利性需求

我们经常看到，在同一个地段，一家企业可以在这里把生意做得很好，赚取更多的利益，但同一位置相同类型的其他企业却经营较差。不同类型的生鲜超市在不同地段上运作得好与坏，有很多决定性因素。这些决定因素都来自前期调研的内容和质量。

1. 流程1：调研区域商业条件

店铺选址首先应从大处着眼，把握城市及城市具体商圈内的商业条件，包括：城市类型、城市设施、城市商业属性、交通条件、城市规划、消费者因素等。

（1）城市类型

包括地形、气候等自然条件。还需要具体调查行政、经济、历史、文化等社会条件，从而判断出城市类型。

（2）城市商业属性

包括商店数量、职工数量、营业面积和销售额等数值，以及由这些数值除以人口数所获得的数值，如人均零售额。

（3）城市设施

包括学校、图书馆、医院、公园、体育馆、旅游设施、政府机关等公共设施。这些设施能起到吸引消费者的作用。了解城市设施的种类、数目、规模、分布状况等，对生鲜超市选址很有意义。

（4）交通条件

在城市条件中，对店铺选址影响最直接的因素是交通条件，包括城市区域间、区域内的交通条件等。

（5）城市规划

如城市整体趋势规划、街道开发计划、道路拓宽计划、高速公路建设计划、区域开发规划等，及时捕捉、准确把握发展动态。

（6）消费者因素

包括人口、户数、收入、消费水平和消费习俗等。

2. 流程2: 调研区域商业经营条件

根据商业战略因素，在进行选址时应考虑以下因素：商业性质、竞争店数、客流状况、场地条件、道路状况以及租金等。

表2-1-1　区域商业经营条件调研内容

序号	指标	含义
1	商业性质	规定开店的主要区域以及哪些区域应避免开店
2	竞争店数	了解一定商圈范围内竞争店的数量
3	消费群调研	本商圈内消费群体特征调研
4	客流状况	调查估计通过店前的行人最少流量
5	场地条件	店铺面积、形状、地基、倾斜度、高低、方位、日照条件、道路衔接状况等
6	道路状况	人行道、街道是否有区分，过往车辆的数量及类型，道路宽窄等
7	租金	本区域内各同类店面的租金情况
8	停车情况	必要的停车条件、顾客停车场地及厂商进货停车空间
9	法律条件	新建分店或者改建旧店面时需知晓城市规划及建筑方面的法规，尤其是相关限制性规定
10	员工数量	以经营面积为基准，确定每人服务面积不得低于20平方米

3. 流程3: 调研店址区域状况

调研完生鲜超市的大商圈经济情况，还要进一步调研商圈周边经济状况。要在店铺附近做商圈市场访问调查,可以使用下图所示的 3 种方法。

图 2-1-8　调研店址区域状况的 3 种方法

（1）LSM 拜访法

"LSM"是区域、店铺、市场三个英文单词的第一个字母,即在店铺附近的住宅区进行商圈市场访问调研。调研目标包括:了解自己店铺的实际情形、得知竞争同行的商圈范围和实力、推算自己店铺的市场占有率。

（2）简易推定法

设想好自己要开店的区域,发出有针对性的消费倾向调查表,回收表格后筛选出 20% 潜在主力客户,将这些客户的地址标在地图上,用红线将离店铺最远主力客户的地址连接起来。红线在地图上围出的圈就是店铺的核心商圈。如果是做小型生鲜超市,选址的聪明之举是充分借用大型店铺的聚客能力,在其附近开店营业。

（3）活力测试法

俗话说,商业吸引商业、人流吸引人流。有同行密集扎堆的地方就是好店址。当然,这个经验并非绝对,因为日常生活用品等高频商品不宜集中经营。

五、选址原则

1. 原则 1: 确保顾客购买方便

消费者购物便利性是生鲜超市选择店址的第一要点,也是衡量店址优劣的首要标准。消费者对购物便利的诉求贯穿购物全过程,这个便利主要包括五个方面:交通便利、确认便利、趋近便利、进出便利和选购便利。因此,生鲜超市的选址原则首先是实现顾客购物便利性。

2. 原则 2: 选址眼光长远

生鲜超市选址不仅要分析当前市场形势,还要眼光长远,考虑是否有利于未来扩充规模,是否有利于提高市场占有率和覆盖率。生鲜超市选址要考虑 3 个方面:精选地段、租金占比和销售预估。

图 2-1-9　生鲜超市选址 3 方面

（1）精选地段

将超市安放在错误的位置是致命的。比如，位于商业中心的干洗店不会成功，因为地段不符合需求。在精选地段时要坚持"取闹避静选商圈"的原则，根据生鲜超市的定位，选择人流密集、商业活动频繁的商圈，避免偏僻环境是生鲜超市选址的一个重要标准。

（2）租金占比

不同地理环境、交通条件、建筑物结构的店面，租金会有很大出入。据统计，上海租金成本和人工成本已是 20 年前的 5 倍和 10 倍。另外，二三线城市适宜面积的店面一年的房租为 200 万～300 万元，每年销售额做到几百万元，除去人工、税收、水电等费用，利润所剩无几。因此不能仅看表面的价格，而应考虑租金的性价比。

（3）销售预估

做好一对矛盾的博弈，即快速出货和最大价值。提高销售成本，快速回笼资金，使成本达到效益最大化。若按平均日销 4 万元计算，月销 120 万元，假设平均毛利率为 20%，则月毛利为 24 万元。300 平方米租金按照每月每平方米 300 元计算，就是每月 9 万元。所以说，做好销售预估能让生鲜超市后面的经营赢利。

六、选址调研的内容

选择生鲜超市位置，一般可按以下内容依次进行。即选择区域方位、找出最佳位置、做市场调查、制定和落实具体实施方案。

图 2-1-10　生鲜超市选址调研的内容

1. 内容 1: 选择区域方位

一方面，找出目标市场、找准服务对象，然后根据目标市场、服务对象选择店址设置的区域；另一方面，要根据企业的经营规模和档次，测算企业投资回收率。

2. 内容 2: 找出最佳位置

在确定店址后，绘出该区域简图，标出该地区现有的商业网点，包括竞争对手和互补商场，还应标出现有商业结构、客流集中地段、客流量和客流走向、交通路线等。

3. 内容 3: 做市场调查

进行周密的市场调查，论证选址决策的准确性。在市场调查过程中，注意将调查对象分类统计，并对调查时间和内容进行抽样检查。

4. 内容 4: 制定和落实具体实施方案

确定店址的具体位置后，便要开始超市店面落位、装修、布置。启动切实可行的实施方案并贯彻落实。

案例
7FRESH 选址策略

在大数据时代，超市选址可以借助大数据，基于消费者过往的购买行为，精准定位出目标选址几公里半径范围内的用户画像，再根据对用户画像的数据分析，在后端商品池匹配出适合用户购买需求的商品。

7FRESH 依托于京东背后强大的数据资源，特别是北京这样渗透率大的城市，通过京东商城线上用户数据进行分析选址。不同于传统超市的地方在于，不同选址门店的商品结构不一样，通过精细化的选品，已经能够最大程度贴近门店覆盖区域的消费人群特征需求。

图 2-1-11　7FRESH 选址策略

案例
盒马鲜生选址策略

盒马鲜生对门店的要求很灵活,并不是很关心门店的地理位置,反而更关心3公里生态圈内是否有成熟的社区以及消费者。对周边3公里范围内的人群数量和质量、地产方的配合能力、物业特点等做整体考量,而不是单纯地看重位置和流量。当然,地理位置对于超市选址是起很大作用的,不可忽视。

七、选址调研工具

1. 主要路段客流调查表

表 2-1-2　主要路段客流调查表示例

调查人：　　　　　　　　　　调查时间：

项目名称	节假日				平时				备注
	方向	机动车	自行车	行人	方向	机动车	自行车	行人	
	东—西				东—西				
	西—东				西—东				
	南—北				南—北				
	北—南				北—南				

2. 道路节点流量登记表

表 2-1-3　道路节点流量登记表示例

道路名称：　　　地　点：　　　调查人：　　　时间：____年__月__日

时段	机动车流量/辆		自行车流量/辆		人流量/人		备注
	上行	下行	上行	下行	上行	下行	
7:00 ~ 8:00							
8:00 ~ 9:00							
9:00 ~ 10:00							
10:00 ~ 11:00							
11:00 ~ 12:00							
12:00 ~ 13:00							
13:00 ~ 14:00							
14:00 ~ 15:00							
15:00 ~ 16:00							
16:00 ~ 17:00							
……							
合计							

3. 店面调查分析表

表 2-1-4 店面调查分析表示例

店面位置：　　　　调查日期：　　　　调查人：

序号	审核内容		评分	备注说明
1	店面类型	A. 独立门面 B. 店中店 C. 居民楼		
2	店面面积	A.150～120 平方米 B.120～100 平方米 C.100～80 平方米		
3	店面宽度	A.10～8 米 B.8～6 米 C.6～4 米		
4	店面朝向	A. 南 B. 东 C. 北 D. 西		
5	店面所处地段	A. 十字路口 B. 正街 C. 侧街门市		
6	店面街道类型	A. 步行街 B. 单行道 C. 双行道		
7	店面所处街道档次	A. 高档 B. 中档 C. 低档		
8	店面周围的环境	A. 天桥附近 B. 通道口附近 C. 施工现场		
9	店面周围公交车站	A.10 米 B.50 米 C.100 米以上		
10	店面门前有无停车位	A. 有　B. 无		
11	店面附近有无相似经营机构	A. 有　B. 无		
12	店面附近有无大型商业机构	A. 有　B. 无		
13	店与大型商业机构的距离	A.50 米　B.50～100 米　C.100 米以上		
14	店面附近大型商业设施的类型	A. 超市 B. 批发市场 C. 建材类 D. 水产类 E. 其他		
15	店面所处人流走向	A. 阳街 B. 阴街		
16	店面附近有无大型居民社区	A. 有　B. 无		

八、商业环境调研指标

图 2-1-12 商业环境调研的 7 个指标

1. 指标 1：周边人口统计分析

周边人口统计分析包括居民人口数与客流挂钩。内容是调查周边 3 公里范围内的人口数和平均年龄，再看周边有多少小区，是否成熟，未来人口是否会有增长等。方法可以是走访和蹲点。

2. 指标 2：周边销售特征分析

周边销售特征分析的内容包括：家庭平均收入水平、购买力。

选址时，应从处于青年和中年层的顾客着手。社会经济地位较高的顾客，可支配的收入就多。调研应以这类人较多的居住区域为首选。

3. 指标 3：竞争对手分析

分析包括：竞争对手的商业类型、位置、数量、规模、营业额、营业方针、经营商品及服务对象的阶层等。

4. 指标 4：周边人车流量统计分析

分析包括：超市所在地的客流量，客流的状态、方向、速度，客流的目的及上下车人数。

5. 指标 5：周边商业业态分析

分析包括：周围有无市场、娱乐街、商业集中区或居民区等影响超市店址选择的因素。

6. 指标 6：周边市政规划分析

分析包括：未来政府的规划、大型休闲集客场所的建造、未来商业中心的建造等。

7. 指标 7：商业物业条件分析

分析包括：道路设施状况，水、电、气等的供给状况。

九、消费者调研内容

对任何形式的零售商来说，顾客是所有营业额的来源。了解顾客、对顾客进行有效分析，可以事半功倍，从而保证收益来源。

了解顾客，是为了找到能促进顾客消费的策略，在竞争激烈的零售市场上占据相应的份额。这一切不是一个直线过程，而是一个循环过程，因为顾客和由顾客组成的市场都会不断变化。

超市选址所做的消费者调研，优点是可以获取大量开店信息，收集到的调研数据可做多方面研究和对比；缺点是问卷设计的专业程度高，问卷内容设计要求高，问卷调查后数据分析要求高，问卷调研成本较高。

1. 内容 1：消费者市场调研结构

消费者市场调研结构包括：调研目的、调研对象、调研数据指标、调研方法、调研截止日期。

2. 内容 2：区域零售消费行为调研

区域零售消费行为调研包括 5 部分内容。

① 本区域内顾客购物会选择去哪里？② 本区域内顾客决定购物时，会用何种方式决定自己的购物计划？③ 文化、家庭和他人的意见会对购物者产生怎样的影响？④ 零售商的哪种方式会让顾客经常光顾本店？⑤ 哪类促销计划会使消费者超计划购买？

3. 内容 3：消费群体划分

任何零售商都必须考虑市场实际因素。这些实际因素靠设置各类调研问卷调查和分析得到。消费者群体划分是要明确调查对象的基本消费特性：性别，年龄，婚姻状况，职业，教育，居住，子女构成，家庭人数，房间数，家庭每月收入（购买力、消费习惯），使用的交通工具。

4. 内容 4：消费者调研规划

完成消费者调研规划须做好三项工作：

① 制定详尽的调研进度计划；② 明确本次调研的经费预算；③ 出具实地调研执行计划安排和时间表。

5. 内容 5：消费者调研问卷结构设计

（1）示范 1：消费群体调研问卷设计

表 2-1-5　消费群体调研问卷设计示例

人口因素	地理因素	心理因素	感觉和行为
① 教育 ② 宗教 ③ 种族（或某类人群聚居区） ④ 收入 ⑤ 职业 ⑥ 年龄、性别、家庭模式、家庭成员数量	① 具体所处地区、城市 ② 城市、国家或居民大区的人口总数 ③ 人口密度 ④ 气候（温暖、寒冷）	① 社会阶层 ② 生活方式：传统、俭朴、奢华 ③ 性格特征	① 生活态度 ② 所寻求的利益：方便、经济、快速等 ③ 创新精神：创新者、早期接受者、较迟接受者、抵抗者 ④ 所期待的服务 ⑤ 忠诚度 ⑥ 使用状况：消费使用者、过度使用者、潜在使用者、普通使用者

（2）示范 2：消费客层特征——职业构成

人群划分档次不宜太多，每一档范围不宜太宽。在无法确定档次数目时，应采取宁多勿少的原则，因为频次小的档次可以在整理时合并。各档数字间应精准衔接，无重叠、中断现象，注释和填答标记应恰当，答案形式应尽量满足分析的需求。

一般来说，除离退休人员外，来店顾客中工人、服务员、一般职工和学生居多（占39%）。

（3）示范3：客层特征——距离、交通

表 2-1-6　客层特征——距离、交通　　　　　　　　　　单位：人

交通工具/时间	5分钟以内	6~10分钟	11~15分钟	16~20分钟	21~25分钟	26~30分钟	31~35分钟	36~40分钟	41~45分钟	46~50分钟	51~55分钟	56~60分钟	合计
步行													
骑自行车													
坐公交车													
坐出租车													
自己开车													
骑摩托车													
合计													

注：步行和骑自行车是来店购物的主要交通方式，顾客在路上花费的时间一般不超过30分钟。步行或骑自行车平均花费的时间是10~11分钟。

（4）示范4：竞争对手调研——周边店家分析

比如某超市对周边店家调研后得出的结论是：在本区域竞争店家中，家乐福超市的知名度较高，但本店顾客的忠诚度较高。

十、调研问卷设计要求

1. 要求1：问题设计少而精

提供必要的决策信息，考虑到应答者的情况，问题要少而精，具有较高的信度和效度，便于编辑和数据处理。

2. 要求2：问题设置不笼统

① 避免设置笼统、抽象或过于专业化的问题。

② 避免使用不确切的词。比如，在描述时间、数量、频率、价格等情况时，避免使用有时、经常、偶尔、很少、相当多等精确度不高的词语。

③ 避免使用含糊不清的句子，以便获得具体和准确的答案。

④ 问题中尽量明确什么人、什么时间、什么地点、做什么、为什么做、如何做等六要素，答案要具有穷尽性和互斥性。

3. 要求3：问卷格式编排要简洁

调研问卷格式编排是问卷结果准确的重要影响因素。从整体上说，调研问卷编排要简洁，满足5个基本要求：

① 按问卷规格设计；② 答案栏靠右排，用细体字；③ 字间距与行间距要适当，整份问卷一致；

④要把问卷中的问题按信息性质分类；⑤版面设计要求质量精美，达到专业化。

4. 要求 4：问卷排版忌讳

问卷是重要的调研工具。问卷设计排版要求整洁、规范，这对收集数据和信息作用非常大。问卷设计细节做不好，会直接影响调查结果。做问卷设计要注意六点忌讳：

①忌版面拥挤，信息排列不清；
②忌问卷中重要内容不突出；
③忌纸张低劣和印刷粗糙；
④忌为节省用纸而挤压卷面空间；
⑤忌同一个问题，排在两个页面；
⑥忌问卷翻页对照麻烦、易遗漏内文的不实用装订方式。

最后，问卷的每一页都应印有一个供识别用的顺序号，以免在整理时各页分散，问卷装订要做到整齐、牢固。

5. 要求 5：问卷问题排序技巧

简单易答的问题放在前面，复杂难答的问题放在后面；被调研者熟悉的问题放在前面，感到陌生的问题放在后面；能引起被调研者兴趣的问题放在前面，易引起他们紧张或产生顾虑的问题放在后面；封闭式问题放在前面，开放式问题最好放在问卷的最后面；一般先问事实、行为方面的问题，再问态度、意见、看法方面的问题。参与问卷调研者的个人背景资料一般放在最后。

十一、生鲜超市选址 4 大误区

正确的选址决策与经营成功息息相关。

可能有些人会更多考虑店面本身的条件，比如新旧程度、店铺形状以及店面大小，认为位置好还不如店面条件好一点。其实做生意人气最重要，一个店面条件再好，如果周边没有人气，也是徒劳无功的。

图 2-1-13　生鲜超市选址 4 大误区

1. 误区1：租金越便宜越好

为了省钱，不少经营者更青睐租金便宜的店面，但事实上可能会为省下的这一点房租而损失更多。如果某个地段价格明显低于其他同等地段，就一定要谨慎，因为这有可能是地段差或由其他隐藏原因造成的。

2. 误区2：居民多的位置一定好

对于人多的位置，还要考虑有没有其他超市，也就是竞争对手的情况。在3公里范围内，若同类型超市数量已超过3家，则不宜选择。因为在缺少流动人口的情况下，有限的固定消费总量不会因新开超市而增加。

3. 误区3：知名连锁店位置可以偏一点

知名度可能会有助于获得更多顾客的信任与青睐，但要注意的是，就算是沃尔玛、人人乐和家乐福这样的大型连锁超市，如果开在人烟稀少的偏僻地带，也不会赢利。

4. 误区4：商圈人流量大的生意一定好做

人流量大不等于生意好，重要的是要考虑人们对这个超市有没有需求。比如写字楼附近的人流量基本不会小，但是却不一定会天天逛超市。

第二节
生鲜超市的定位

一个企业在决定做生鲜超市之前,一定要先回答这样一些问题。

生鲜区应经营什么商品?各部门如何进行商品组合?生鲜区卫生、商品陈列和商品管理与一般超市的商品管理标准是否有很大不同?

寻求这些问题的答案就是在确定生鲜超市的定位。

做市场定位,实质是使本企业与其他企业严格区分开来,使顾客明显感觉和认识到这种差别,从而占据顾客心中的特殊位置。

一、生鲜超市与普通超市的区别

做生鲜超市经营定位分析,第一个要弄清楚的根本问题是,生鲜超市经营与普通菜市场、普通综合超市或农贸市场的销售模式区别在哪里。

生鲜超市逐渐取代大中城市中的传统农贸市场已是事实。在消费趋势的变化中,牢牢抓住消费者,是运营好一个生鲜超市的大前提。

1. 区别1:生鲜经营比普通超市运营要求高

生鲜经营管理虽然与普通超市的管理标准和要求有一致的地方,但在3个方面要比普通超市的运营要求高:

① 新鲜、高质量的商品,更卫生、更好的购物环境;② 严格的商品管理、时尚的消费引导;③ 投入更高的人力、物力和技术管理手段。

图 2-2-1　生鲜超市比普通超市运营要求高

2. 区别 2：比普通超市投入大

生鲜商品受季节影响大，商品单品管理要求高，还有严格的有效期限制。经营一家生鲜超市，除具备设备、人员、技术、管理手段等硬件，还要满足消费者对生鲜超市服务的需求。必须解决陈列标准、卫生标准、产品损耗和库存控制等一系列的管理问题，这是生鲜超市经营风险高和成本运营投入大的原因。

二、生鲜超市消费群体定位

生鲜超市的市场调研如果做得足够细致，就能确定出主要消费群体，确定出消费群体的购物空间偏好。前期的市场调研，会对消费者群体做出 2 个判断。

1. 消费群体的年龄层次

明确目标消费群体的年龄段构成。其中，年龄间隔划分得越细越好，比如：20～25 岁，26～30 岁等。

2. 消费群体的消费偏好

他们是否注重购物体验感、新鲜感、好玩、时尚？是否注重实惠、价格、便利、便捷、高品质？

比如，社区小型生鲜超市面临的顾客以中老年人群居多。这类人比较关注商品价格，需要超市在价格定位上有明确的思路。如果是高端水果蔬菜超市，则消费群体以年轻人为主，注重潮流和时尚。这就需要超市在货品级别和品类上做出明显的销售倾向。

三、生鲜超市经营定位

生鲜超市的成功，离不开成功的市场定位分析。

1. 区位定位调研

区位定位调研要明确3个重点调研指标，这3个指标是超市定位调研的重中之重。

（1）社区人群生活结构

对人口结构、家庭构成，以及收入水平、消费水平、购买行为的调研。

（2）都市结构

对地域、交通、繁华地段、各项都市机能的调研，以及对都市未来发展规划的预测。

（3）零售结构

对地域购买动向、行为构成，及店铺构成、老店销售动向的调研。

2. 市场定位

生鲜超市只有把握好方向，才能与农贸市场共生存、共发展，直至取代农贸市场。因此，生鲜超市必须做好以下3方面工作：

① 实行商品多样化和创新经营；

② 经营方式贴近消费者需求；

③ 在环境、卫生、价格、服务等方面进行高水平的专业化改造。

3. 品牌定位

在生鲜线下店里，消费者可以挑选水果，如永辉这样的商超。电商发展速度快，从PC到移动，从B2C到O2O，现在又到了B2B，其技术、获客手段一直在变，难以预估。同一个超市，不同品牌的定位价格不一样，最终的客单价也会不同。因此，生鲜超市品牌定位的原则为：**市场针对面宽、市场穿透力强、传播成本低、传播见效快等**。

图2-2-2　生鲜超市品牌定位原则

品牌定位取决于企业的经营宗旨。做生鲜超市品牌定位需要确定 3 个内容。

① 为顾客提供的商品和购物服务便捷度如何？② 用什么方式提供什么样的生活商品？③ 树立什么样的社会形象？

4. 店内商品建模

生鲜超市商品建模包括本店卖什么、如何配置比例及商品如何聚焦等方面。一般来说，进行售卖的生鲜商品分为初级商品和加工商品，各类商品如何配置聚焦是考验。

（1）超市卖什么

① 鲜肉及肉制品：属目的性和计划性购买。

② 水产品：与肉制品存在消费替代关系。

③ 蔬菜和水果：与肉制品存在消费关联。

④ 面包及熟食产品：与日配、熟食有连带关系。

⑤ 日配品：购买频率较高的目的性商品，与面包、面点有关联。

⑥ 冷冻食品：非计划购买商品，与蔬果、肉类相邻。

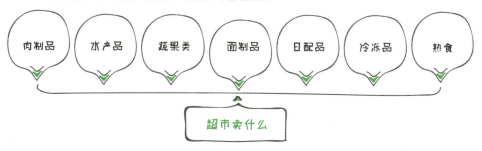

图 2-2-3　生鲜商品类别

（2）如何做商品聚焦

商品聚焦不当，会造成顾客想要的商品没有，不需要的商品太多，浪费了卖场空间，造成资金积压，最终会导致经营失利。促进商品聚焦的手段包括：商品全覆盖、强化生鲜品类、商品差异化、商品齐全化、生鲜品牌经营等。

（3）适合消费者需求

包括消费者口味、消费水平、文化水平、风俗习惯等。

（4）商品组合达双赢

形象商品低毛利，普通商品高毛利，面对不同的顾客需求，提供多种商品选择。应有吸引客流的高流量形象商品，同时以毛利较高的普通商品平衡绩效，达到商品聚焦。

（5）商品结构调整

① 低价位商品：占销量的 30%。

② 中价位商品：占销量的 50%。

③ 高价位商品：占销量的 20%。

四、生鲜超市商品定位

生鲜超市做商品定位需要考虑的 3 个问题。

① 如何符合顾客的需求？② 以何种顾客群为对象？③ 与顾客建立何种关系？

图 2-2-4　生鲜商品定位考虑的 3 个问题

做商品定位依赖生鲜超市的 4 个经营原则：

① 商品为前、商品为先；② 最大程度满足顾客"一次购足"的基本理念；③ 遵守店内 80% 的利润是由 20% 的商品带来的"二八"定律，据此配置商品类别；④ 具有互相带动消费的"商品群"经营理念。

每个处在不同区域的生鲜超市，所经营的商品类别有较大不同。比如，时尚果蔬类超市要体现水果的新鲜感，生活生鲜超市要满足顾客生活的便利性。从管理成本考虑，要注意一点，生鲜超市在商品规划上，要多重视增加利润而尽量减少品项数量。

1. 重视不同商品的包装定位服务

生鲜超市商品配置定位的目的在于具备竞争优势。传统农贸市场没有如今生鲜超市的食品包装和商品配置。

包装食品在生鲜超市顾客购买动机中占相当大的比重。生鲜超市需要通过生鲜商品售卖、包装食品和家庭日用品的合理配置，将到综合超市购买生鲜品的顾客引导和转化到生鲜超市来。因此，生鲜超市的普通食品和日用品要具有相当的销售比重，才能确保消费者在生鲜超市的购物动机高于传统农贸市场。

2. 重视水果销售毛利

在大中城市中，相当一部分消费者正处于从农贸市场购物逐步转向大型超市购物的过渡期，经营良好的超市生鲜区，除了在面点、肉类及其制成品、熟食凉菜、主食厨房等几个产品类别方面做出特色外，还要在深加工商品方面具备更大的集客能力和竞争优势。

生鲜超市的初级商品在经营中优势不明显。例如，蔬菜水果部门，由于蔬菜价格敏感，毛利很低，而水果毛利相对高一些，所以，水果销售对生鲜的毛利贡献比较大。

3. 区别对待不同经营价值的商品

要达到既定营业额目标，生鲜超市究竟要拥有哪些商品，必须针对设定的营业目标与超市构成系列的比重加以核定。

超市生鲜经营要在定位利弊分析的基础上有所侧重，对集客性商品和赢利性商品、初级商品和制成品区别对待。制定不同的经营和销售策略，达到超市生鲜应有的销售业绩和份额。

经营良好的超市，其生鲜销售能快速发展，是因为在运营管理上，精确了生鲜的商品定位，充分发挥各类生鲜的经营优势。

（1）利用价格带

价格带是指在超市内销售同一类商品，其销售价格上限到下限的范围。

顾客层次不同，对商品的需求也不同。生鲜超市要根据商圈特点、竞争店价格、销售时机、顾客消费动向四个因素，确定合适的商品价位。"因店而异"地制定适中价格幅度是一条基本原则。

（2）商品项目要平衡

每一个商品分类都有高、中、低三个级别，确定商品数量的关键是如何取得各级别数量的平衡。

中档商品的价格带宽，高档商品在每个价格带上都可以有一定数量的商品。生鲜超市可以选择以中低档商品为主，个别高档商品作为点缀。但要注意，生鲜超市中档商品过多并非好事，超市展示陈列还应以畅销品为主。

4. 提高商品集成度

超市生鲜比传统农贸市场生鲜商品集成度高。从消费者需求出发，商品组合要满足消费者方便快捷、一次性购足的需求。尤其是生鲜深加工商品，在创新和多样化上可以为生鲜超市赢得绝对优势，这类商品也能成为生鲜超市获利的增长点。

5. 商品管理模式

商品定位明确后，要确定全店的商品计划、商品采购实施以及超市的后勤管理策略。以上问题确定了，超市的商品管理模式就确定了。

五、生鲜超市价格策略定位

价格是影响任何一个超市经营的重要因素。每一个超市都要对所经营的商品做价格定位。

1. 产生利润的主打商品

生鲜超市的主打商品一定是生鲜，它是超市利润的主要来源。主打商品同时也一定是超市的畅销商品。

2. 可联合促销的非畅销商品

除了主打商品，生鲜超市还要配备非主打商品。不同的价格定位，能让不同商品之间形成销售上的相互促进作用。超市商品的整体策略原则是主打商品要能和非畅销商品联合起来做价格折扣。

六、生鲜超市服务定位

若一个超市只想卖商品，则把商品简单地陈列出来即可。但只卖商品，很难稳定顾客。经营生鲜超市，除了卖商品，更重要的是提供服务。

1. 提供与定位匹配的服务

生鲜超市的服务定位是如何让顾客在购物时获得贴心的服务和舒适的心情。一个生鲜超市，如何为顾客营造轻松舒适的购物环境，拉近顾客与经营者之间的距离，最终会借助超市设计方案呈现出来。

2. 认真对待客户问题

生鲜超市吸引顾客的原因之一在于其经营的生鲜商品卫生、安全，商品质量有保证，以及生鲜区良好的购物环境。这是生鲜超市经营成功的关键。因此，超市除了明示服务承诺外，还要对生鲜商品的顾客投诉、退换货及其赔偿等问题给予认真对待。

七、生鲜超市卖场功能定位

高效的单店规划布局原则是动线合理、体现生鲜磁石、提高停留率、提高销售、方便顾客和员工。一般步骤是出入口收银台、确定行动主动线、磁石区确定、促销展示、配套设施。

1. 商品功能区划分

商品功能区应根据顾客对生鲜商品的购物思维进行划分，功能区有商品区、收银区、卸货区及称重区，各个功能区要划分明确。总体来说，单店需划分前后区，即卖场布局四度空间。

（1）员工空间

生鲜超市员工是一个特殊工种，所以要更多地考虑其工作前、工作中及工作后的空间，如更衣间、消毒间、休息室、训练间等。

（2）生产空间

保证生鲜生产的合理空间，包括：加工间、处理间、冷藏间、冷库、检测间及消毒间。

(3) 顾客购买空间

顾客购买空间主要考虑陈列效果、颜色搭配、灯光设置、温度设置，重点是营造购买气氛。

(4) 商品空间

包括陈列、促销、周转、补货、上货、处理等空间。

图 2-2-5　商品品功能分区

生鲜超市各个分区位置规划如下：

① 靠墙位置，满足加工区安排的需要；② 靠近入口处，以吸引顾客为主；③ 超市深处，满足集客需要、引导顾客走过整个生鲜超市，提高超市深处死角的商业价值；④ 靠近收银台，便于商品保鲜和顾客即拿即买，达到防损控制和方便顾客的双重目的。

2. 店内区间动线设计

超市动线规划设计对人流吸引有着举足轻重的作用，科学合理的超市动线设计能很好地引导消费人流，对超市经营有极大的促进作用。合理的动线设计能够提高超市聚客力，把每个"死角"做"活"。

(1) 动线便利原则

① 超市出入口位置考虑人流方向及交通便利性。

② 超市出入口设置考虑超市外商业及外租区之间的人流互动。

③ 双层卖场出入口尽量设于同边，垂直交通尽量远离出入口设置，可带动人流拉长动线。

④ 非食品类靠近卖场入口，食品类靠近卖场出口。

⑤ 熟食、生鲜、速冻等商品设置在门店最内部，既要吸引顾客走遍全场，又要考虑后场作业区。

⑥ 奶制品、冷冻食品等设置在动线末端，靠近收银出口，以缩短解冻融化时间。

(2) 多动线结合原则

① "U"形动线。"U"形动线适合方形或接近方形的超市。顾客从超市入口进入超市，在宽大的主通道指引下，就能自主按照设计线路到达超市的每个商品区域，方便顾客购买。

②"L"形动线。适合长方形的超市，主通道是倒着放的"L"形。长方形超市横向长，一般很难把顾客引导到超市内部，而使用"L"形动线可以引导顾客到达超市内部，顾客停留在店中的时间也随之延长。

③"F"形动线。针对长方形超市的纵深问题，综合了"U"形动线和"L"形动线的优点。在"F"形动线的通道里，顾客可以到达任何一个过道并近距离看到货架上陈列的商品，使超市里的商品更通透，让更多的顾客买到需要的商品。

（3）管理好卖场磁石

生鲜超市动线规划应重视对磁石点的利用，在商品配置时运用卖场磁石理论，在各个吸引消费者目光的地方配置商品，促进销售，并引导消费者走完整个超市卖场。根据吸引力不同，磁石点可分为四个区域。

①第一磁石：全力打造主力商品，位于主通道两侧及连接入口处的陈列区。
②第二磁石：力求突出展示商品，位于副通道的末端。
③第三磁石：合理布置端架商品，用于陈列一般性商品，端架通常面对出口。
④第四磁石：重视单项商品，位于卖场中央的货架陈列区。

第三章

生鲜超市
运营管理

第一节
生鲜超市运营指标及管理策略

生鲜超市运营指标是生鲜超市运营管理中最重要的基本工作量化值，用来评估在超市日常运营中，商品管理是否达到标准，工作管理是否存在漏洞。

一、运营类指标

1. 销售额

销售额是零售卖场最主要的数据之一，代表顾客的支持情况。销售额高，说明顾客支持率高；销售额低，则说明顾客支持率低。

计算公式

$$销售额 = 来客数 \times 客单价$$

这个指标用来评判来客数多少和客单价高低对门店销售的影响。

2. 来客数

来客数可反映顾客对门店和部门（课）的支持率。在运营信息系统中，管理者不仅要知道全店的来客数，还要掌握各课及各大类的来客数。店长和课长在分析来客数时，需要再做指标细分。

计算公式

$$部门（课）支持率 = \frac{部门来客数}{全店来客数} \times 100\%$$

各线条负责人知道各部门支持率后，要分析怎样提高本课的顾客支持率，从而促进整个门店来客数的增加，同时使客单价相应得到提高。

$$大品类支持率 = \frac{品类来客数}{部门来客数} \times 100\%$$

知道各品类的支持率，各部门要分析怎样提高单品类的顾客支持率（陈列技巧、定价技巧的运用）。

$$单品支持率 = \frac{单品购买数}{全店来客数 \times 购买此单品的顾客数} \times 100\%$$

根据某项单品的来客数还可以计算出每个单品的支持率。

3. 客单价

客单价是影响门店销售额的重要指标。

超市的门店销售额由客单价和顾客数（客流量）决定。提升门店销售额，除了尽可能多地吸引进店客流，增加顾客交易次数外，提高客单价也是重要途径。

计算公式

$$客单价 = \frac{销售额}{来客数}$$

$$客单价 = 平均1个顾客购买商品的个数 \times 平均1个单品的单价$$

$$单品平均价格 = \frac{所有单品价格之和}{单品个数（有效单品平均价格）}$$

4. 人均销售

这个指标反映人员分配是否合理、劳效如何，是门店对员工考核的基本依据，是对员工销售能力和销售热情进行的考核。

门店可以根据人均销售情况向人力资源部提出人员增减变动需求。该指标是门店人员变动和控制门店开支的主要依据。

计算公式

$$人均销售 = \frac{月平均销售额}{月平均工作人数}$$

5. 坪效

坪效是指店各大类、小类、品牌的销售额、毛利与卖场货架面积（组数）的比率，也称各大类、小类、品牌的贡献度（销售额贡献度、毛利贡献度）。坪效反映的是卖场的有效利用程度。

各大类、小类、品牌的销售额与门店销售额的百分比应与其所占的货架面积（组数）成正比，反之应进行分析，采取措施，优化品类结构，努力提高坪效。

计算公式

$$坪效 = \frac{销售额}{经营面积}$$

$$简单坪效 = \frac{当年的总销售额}{当年面积}$$

加权坪效：认为当年新开门店是在年中开设的。

$$加权坪效 = \frac{当年总销售额}{(年初经营面积 + 新增面积)/2}$$

二、销售类指标

1. 销售净利率

销售净利率是一定时期的销售净利润与销售收入的比率。它表明单位销售收入获得的利润，反映销售收入和利润的关系。

计算公式

$$销售净利率 = \frac{销售净利润}{销售收入} \times 100\%$$

销售净利率与销售净利润成正比例关系，与销售收入成反比例关系。分析销售净利率的升降变动，可以促使企业在扩大销售的同时，注意改进经营管理，提高赢利水平。

企业在增加销售收入额的同时，必须相应地获得更多净利润，才能使销售净利率保持不变或有所提高。

2. 毛利额

毛利额是超市经营中很重要的一个指标，是门店利润的来源、门店发展的基础、考核门店经营业绩的主要依据，是对店长能力的考核。每一个人都必须关注这个指标。

计算公式

$$毛利额 = 销售额 \times 毛利率$$

$$毛利额 = 销售金额 - 销售成本$$

3. 毛利率

毛利又称"商品进销差价"，是商品销售收入减去商品进价后的余额。因其尚未减去商品流通费和税金，所以还不是净利，故称毛利。毛利率是建立在毛利概念基础之上的。

计算公式

$$毛利率 = \frac{销售收入 - 销售成本}{销售收入} \times 100\%$$

某特定时期内的净利（纯利）＝该时期内的毛利 - 该时期内发生的相关支出（包括折旧）

4. 达成率、成长率与耗损率

$$达成率 = \frac{实际产量}{标准产量} \times 100\%$$

$$成长率 = \frac{今年实际销量 - 去年实际销量}{去年实际销量} \times 100\%$$

$$耗损率 = \frac{耗损量}{总消耗量} \times 100\%$$

5. 同比增长率

同比增长率是超市经常使用的指标,是数据分析的主要指标。同比增长率可以清晰地反映门店各项经营指标与同期的增长情况,便于公司对门店的运行做出相关调整。

计算公式

$$同比增长率 = \frac{本期销售金额或数量}{去年同期销售金额或数量} - 1$$

6. 销售回款率

$$销售回款率 = \frac{销售收入 + 报告期应收账款期初数 - 报告期应收账款期末数}{销售收入} \times 100\%$$

三、动销类指标

1. 动销率

在超市的实际销售操作中,要了解某一单品的动销情况可以采取的指标。

计算公式

$$动销率 = \frac{商品累计销售SKU数量}{商品库存SKU数量} \times 100\%$$

$$动销率 = \frac{动销品种数}{库存总品种数} \times 100\%$$

$$动销率 = \frac{动销SKU数量}{实际SKU数量} \times 100\%$$

例如:某超市正常有库存的商品 SKU 数量为 20000 个,其中 4 月份有销售的 SKU 数量为 19500 个,那么该超市的商品动销率 =(19500/20000)× 100% = 97.5%。

注意,一般超市管理习惯上以月作为计算的时间段。

2. 动销率指导库存

动销率通过"零销售"来反证(销售排行榜)。零销售是指一个月内没有销售记录的库存商品。动销率的高低,是检验门店商品是否适销的一把钥匙。

如果这个商品不在货架上,导致顾客无法找到,就要从仓库里找出来,并分析为什么在仓库里,追究管理原因,并让它实现销售;如果商品已经上架,但仍然是零销售,则说明该商品确实不适销,应该立即清退。

图 3-1-1　产品动销率为零的 2 种情况

动销率不一定越高越好。动销率等于 100% 不一定是正常的，动销率小于 100% 也不一定就是滞销商品。在实际店面销售工作中，管理者不能只看表面数据，还要透过表面找到问题的实质。

（1）门店 SKU 分析三步法

SKU，即库存进出的计量单位，可以是"件""盒"等，是物流管理的必要方法。

第一步：按照小分类制定 SKU 动销情况分析表。

第二步：到系统报表中找到最后一天的 SKU 总数和动销 SKU 数，分别填在分析表中。

第三步：做数据分析。

（2）动销 SKU

在某个会计期间的有销售记录的单品数量，其中包括销售后立即退货的一种账面体现的零销售现象。

（3）实际 SKU

在某个会计期间期末的实际库存单品数量，不包括已经是零库存的商品，但是包括负库存的商品。

（4）动销率管理的 10 个原则

动销率管理涉及一个概念：虚库存。虚库存是指由于产品在途中、未盘点等多方面原因，造成销售商品数量总数比进货商品数量总数与退货商品数量总数相加后的和还大。由于虚库存的原因，管理动销率需要遵循 10 个原则。

① 对虚库存商品及时进行后台数据调整，保证实物库存。

② 问题商品应及时退货、清理、报损；确定不再经营的商品也要及时清理。

③ 及时调整不合理陈列。

④ 新商品入市必须多做推广。

⑤ 保持好店内正常陈列，商品滞销正常，不要保留过多 SKU，有保质期的食品类商品应谨慎备货。

⑥ 将整体库存金额控制在可接受的范围内。

⑦ 对过季商品及时折价清理或者退货。

⑧ 商品本身要保持良好的展示状态，干净整洁、标签标识准确到位。

⑨ 市场淘汰的商品，卖场也应该及时淘汰，不要怕亏本，要及时止损。

⑩ 定期做市场调研，及时淘汰、清理滞销商品。

四、库存类指标

1. 库存

库存可以直接说明门店还有多少商品，是否应该加大或减少进货数量，在经营中非常重要。公司应该对门店进行库存考核。

计算公式

$$平均库存 = \frac{期初库存 + 期末库存}{2} = \frac{每日库存之和}{天数}$$

$$月末库存 = 上月结存（或本月月初）+ 本期调入 - 本期调出 - 本期销售$$

2. 存销比

存销比是指单位的销售额需要多少倍的库存来支持，反映的是资金使用的效率问题。存销比过高，意味着库存总量或结构不合理，资金使用效率低；存销比过低，意味着库存不足，经营难以最大化（月度测量指标）。

越是畅销的商品，存销比值越小，说明商品的周转率越高；越是滞销的商品，存销比值就越大，说明商品的周转率越低。

计算公式

$$存销比 = \frac{期初库存额 + 期末库存额}{2 \times 月销售额}$$

存销比一般按照月份来计算，计算单位可以是数量，也可以是金额（均以零售吊牌价计算），一般来说，以金额来计算比较合理，毕竟库存在财务报表上是以金额的形式存在的。

存销比设置是否科学合理，有三个评价指标：

① 订单供货是否能真正实现向订单生产延伸；② 企业是否能真正做到适应市场、尊重市场、响应订单；③ 企业能否真正做到满足市场、不积压、不断档。

3. 库存周转率

侧重于反映企业存货销售的速度，它对于研判特定企业流动资金的运用和流转状况很有帮助。其经济含义是反映企业存货在一年之内周转的次数。从理论上说，存货周转率越高，企业的流动资产管理水平和商品销售情况也就越好。

计算公式

$$库存周转率 = \frac{本期销售数量}{本期平均库存} \times 100\% = \frac{本期营业额}{本期平均库存} \times 100\%$$

$$= \frac{(一个周期内)销售货品成本}{存货成本} \times 100\%$$

4. 库存周转次数

库存周转次数表明商品流通是否顺畅。通过库存周转次数计算可以降低或减少滞销商品出现，加大资金周转率。《食品经营许可审查通则（试行）》规定：食品年周转次数不能小于 12 次，百货商品不能小于 4 次，针织品不能小于 6 次。

计算公式

$$库存周转次数 = \frac{本期销售额}{本期平均库存}$$

5. 库存周转天数

库存周转天数是指一个商品从进入门店经过多长时间可以销售出去，即多长时间能将商品变为销售款。如果库存周转天数过长，则有可能变为滞销商品。门店根据这个数值去考虑变换陈列位置、加大促销力度、申请返货等。

计算公式

$$库存周转天数 = \frac{365}{库存周转次数} = \frac{平均存货 \times 360}{销售成本} = \frac{360}{存货周转率}$$

$$= \frac{360 \times (期初存货 + 期末存货)}{2}$$

6. 库存管理 3 流程

（1）库存规划

① 商品依种类归类，放置整齐，先进先出、减少损耗，提高效率。

② 妥善运用空间，掌握厂商进货时间及进货量。

③ 定期整理冷冻库，要求厂商勿任意堆放。

（2）库存运作

① 透过精确的订货方式，减少库存积压。

② 每日整理仓库，商品靠墙四周放置。

③ 将滞销商品尽快清除。

④ 遇特殊、突发状况，应另寻找一处暂存区。
⑤ 促销商品或利润低的商品，应降低进货、减少库存。

（3）库存退换货

① 整理待退换商品 → 清点数量 → 通知厂商 → 厂商带货来换或填写退货单。
② 将待退换商品集中处理，以减少损耗。

7. 库存管理5原则

许多生鲜超市单纯追求高额的销售和利润，却往往忽视了日常的库存管理，造成商品库存大量积压的现象，形成资金呆滞，影响周转，导致后期商品的损耗，不利于后期的运作和发展。

（1）分类原则

商品库存的存放符合商品分类的原则，与商品陈列的分类原则相同。

（2）唯一原则

商品库存的区域原则上维持唯一区域或某一小范围内唯一区域的原则。

（3）标志原则

商品库存区的所有库存都必须有明确的标志，包括品名、数量等重要内容。

（4）安全原则

商品库存的存放必须符合安全原则，如堆放的高度和稳定性等。

（5）调整原则

商品库存区的各种商品库存不停变化，应定时调整，增加空间利用效率。

图3-1-2 库存管理5原则

五、价格类指标

门店货架上待销商品的价格结构是否与顾客的购买水平有差异，会影响门店的价格形象。

需要注意的一点是，如果差异太大，说明商圈内的消费者不需要这类高档次高价格的商品，则需要适当引进、扩大低档次价格的商品；如果差异太小，则需要店面调整价格，适当增加价格高的高档次商品，完善门店的价格体系和价格形象。

1. 价格层次

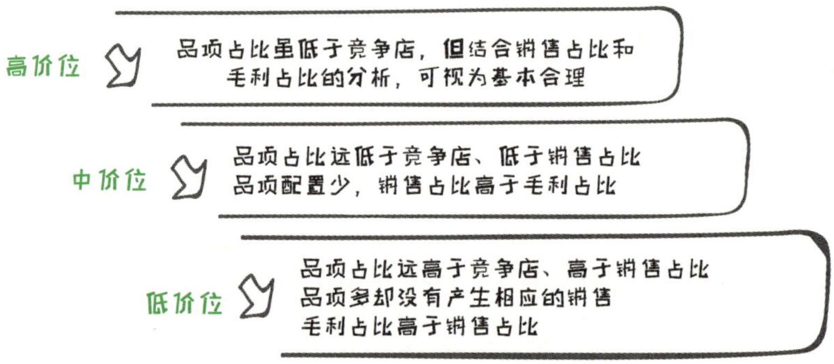

高价位：品项占比虽低于竞争店，但结合销售占比和毛利占比的分析，可视为基本合理

中价位：品项占比远低于竞争店、低于销售占比 品项配置少，销售占比高于毛利占比

低价位：品项占比远高于竞争店、高于销售占比 品项多却没有产生相应的销售 毛利占比高于销售占比

图 3-1-3 价格层次的 3 个类型

2. 价格带策略类型

利用价格带可以进行多方面的数据分析，为优化商品结构提供有力的数据支持和依据。

通过自身店和竞争店重点品类的价格带分析，知彼知己，扬长避短；通过不断调整不同价格段的配置品项数来规避或迎战竞争对手，这是提升商品竞争力最有效的方法。

（1）完全包围型

在同业态商品竞争策略中，占销售 70%～80% 的重点品类的价格带要完全覆盖竞争店，体现门店重点品类商品的丰富与齐全。

（2）下限加强型

当竞争店某品类的价格带侧重于中高档区域（或是中低档区域）时，应减少高价区品项，增加中低价区品项或降低售价，在确保商品宽度的前提下做强低价区，显示低价形象。反之，当竞争店是下限加强型时，我们可以利用上限加强型的价格带。

（3）竞争回避型

当竞争店的价格带重点在高价区域时，应以低价为主，允许有少量的重叠，但可以完全不去涉及对方的强项，使双方都有明确的商品定位和目标顾客群。

（4）见缝插针型

如果竞争店的价格带出现断裂或有较弱的价格段，则可形成与竞争店在商品策略上的互补和竞合。

图 3-1-4　价格带的策略类型

3. 价格竞争指数

门店对竞争对手的商品售价进行调查统计，根据统计结果计算出来的相对值。价格竞争指数是分析门店售价竞争力强弱的一个重要指标。

将自己门店和竞争门店某类所选择的商品价格进行累加，得出两个数值，即自己门店与竞争门店的价格竞争指数。

（1）计算公式

$$价格竞争指数 = \frac{自己门店商品价格}{竞争门店商品价格}$$

（2）指数分析

① 指数等于 1，说明自己门店与竞争对手门店的售价基本持平、不相上下。
② 指数小于 1，说明自己门店该类商品售价低。
③ 指数大于 1，说明自己门店该类商品售价高。

六、周转率

用科学的库存管理控制商品库存，既不会因库存太多而积压资金，增加营运成本，也不会因缺货而损失销售机会。提高周转率需提高销售额或削减库存金额，一般的方法是求出商品的周转率。

周转率越高，表示商品越好卖。对某一类商品的周转率进行分析，可得知此类商品销售的进度，由此判断采购商品是否正确、追加营运作业是否正常以及库存数量是否正常。

1. 商品周转率

指一定金额的库存商品在一定时间内周转的比率，反映终端的存货周转度与销货能力，是衡量超市经营效率的一项综合性指标。

计算公式

$$商品周转率(金额法) = \frac{商品纯销售金额}{平均库存金额}$$

$$商品周转率(数量法) = \frac{商品出库总和}{平均库存数}$$

$$商品周转周期(天) = 库存周转率 = \frac{360}{库存周转次数} \frac{平均库存额}{纯销售额}$$

假设某一分类商品今年的销售额为 300 万元，商品周转率为 10 次，则平均库存额应维持在 30 万元以上（300÷10=30），若能将此分类的周转率提高到 15 次，则平均库存额只需维持在 20 万元即可。

2. 周转率提高的 4 个作用

① 使公司有更多的资金可以灵活运转。
② 让卖场的商品随时保持新鲜，使流行商品能及时出现在门店中。
③ 可使旧商品的数量降至最低。
④ 提高整个卖场的活力及商品管理的绩效。

图 3-1-5　周转率提高的 4 个作用

3. 提高周转率的 4 个策略

① 充分利用计算机资料，运用销售资料统计方法，可获得畅销商品、滞销商品和销售正常商品的数据。
② 将加强滞销商品的销售或处理作为重点工作之一。
③ 有效利用促销活动，增加销售额，提升商品的周转率。
④ 季节性的商品必须加强陈列，此类商品毛利虽低，但业绩多，周转快。

4. 生鲜商品周转的"先进先出"原则

"先进先出"是假定先收到的存货先发出，或先收到的存货先耗用，并根据这种假定的存货流转次序对发出的存货和期末存货进行计价。简单理解就是先采购先销售，以每笔入库业务单据作为一个进项批次，销售时按有库存的最早一个批次进行出货冲销。

在库存管理中，按照物品入库的时间顺序整理好，在出库时按照先入库的物品先出库的原则进行操作；排队管理，做到进出无插队现象，保障先进先出的顺序。

生鲜商品管理的最高法则就是加速周转，主要保证做到 2 个原则。

（1）每日销售高峰尽量先售出生鲜商品

目的是避免成为损耗，新品和旧品分开放置，不给客人造成不新鲜感。防止新鲜品与非新鲜品的"交叉"，避免整体新鲜度下降。生鲜商品若要保持新鲜度和高速周转率，就要遵循"先进先出"原则，严格控制库存，保持货品"先进先出"。

（2）新旧搭配原则

做到"先进先出"并不容易，陈旧的商品比较滞销，而新鲜商品更容易卖，于是有时会将新旧商品混搭，甚至是"后进先出"。

在库存管理时，商品在系统中按照先进先出的方式冲减库存，但冲减结果可能和实物之间是有偏差的，对于这种偏差就要求理货人员及时发现，并及时利用盘点来修正库存数据。

（3）"先进先出"5 大优点

① 防止损耗，避免积压损耗。
② 避免出现不必要的货期较长商品。
③ 加速生鲜商品周转，避免整体新鲜度下降带来的耗损。
④ 保证商品新鲜度，避免销售过期商品。
⑤ 更真实地反映当期存货价值和当期毛利。

七、交叉比率

将毛利率因素与周转率因素综合在一起进行考虑，有效分析出商品在阶段时间里的贡献程度，以便准确地决定与选择商品类别。它指导我们在工作中正确处理毛利高低商品与周转率快慢商品之间的关系。

1. 交叉比率公式

$$交叉比率 = 毛利率 \times 周转率$$

交叉比率通常以一个季度为计算周期，交叉比率低的商品优先淘汰。

交叉比率数值大，表示毛利率高且周转快。

2. 交叉比率应用举例

假设某门店有四种品牌的护理商品：品 A、品 B、品 C、品 D。分析如下表。

表 3-1-1　商品交叉比率的应用示范

商品	毛利率	周转率	交叉比率
品 A	0.1	20	2
品 B	0.12	21	2.52
品 C	0.08	26	2.08
品 D	0.44	4	1.76

八、品类优化策略

规范门店的 SKU 数，做好新品引进、陈列及旧品淘汰工作，使商品结构更加合理化。通过优化商品品类组合，能够提高聚客能力，提升超市销售业绩。

图 3-1-6　品类优化策略

1. 明确品类优化目标

门店管理人员需要充分认识到品类管理在经营中的重要性，通过与公司相关部门及供应商的紧密合作，通过高效、连续、顺利的商品供应和有效的货架陈列，最大限度地满足消费主体的需求。

2. 管理货架陈列

对于货架陈列，门店应该结合自身实际情况，了解品类的销售情况、产生的利润情况、带来的通道利润等，从而调整和优化品类。

3. 分析数据，做出正确决策

进行品类优化，需要利用信息系统对庞大的数据信息进行收集、存储、管理和分析，以做出正确决策。实施品类优化管理，有4个手段和1个目标：

4个手段是目标顾客群的界定、消费需求的研究、同类商品不同品牌的数据化分析、合理摆放与管理；1个目标是最终满足消费者需求。

4. 加强技能提升

管理人员坚持用信息系统指导日常工作，对销售数据进行分析，发现新的畅销商品和增长点，选择和调整销售策略，为本店的发展寻求新的思路和方向，尝试新的方法。

5. 建立信息反馈机制

在超市品类优化管理中，快速信息反馈机制的建立分为2个方面：

① 部门与门店间的信息互通反馈；

② 对重要顾客要建立快速信息反馈机制，包括已满意的顾客和强烈不满的顾客。

第二节
生鲜超市赢利模式与组织结构设计

超市类门店的组织结构设计没有放之四海而皆准的固定模式，组织形式建立好之后也不会一成不变。

决定超市组织模式形式和变化的因素有四个：超市业态、企业管理模式、门店规模大小、门店所处生命周期阶段。

组织者应该根据不同的环境条件差异，对门店组织结构进行有针对性的规划设计，使建立的组织模式与门店的具体情况相匹配。

一、加工方式分类模式

在生鲜超市经营设计中，经营方式对生鲜超市的规划投资和生鲜运营安排有重大影响。

一般来讲，要留住生鲜商品的香味，就要营造现场气氛。以是否提供生鲜加工为依据分类，生鲜经营模式有三种形式。

1. 模式1：无加工生鲜经营

无加工生鲜经营模式是生鲜超市的初级或最高级经营形式。

（1）经营方式

生鲜商品全部由供应商配送供货，少量现场加工也由供应商人员以租赁方式进行，布局规划以标准区位档口为主。

（2）优点

节约场地、品质监控、投资少、无物业限制、人员配置少。

这种模式如果有供应链完善的生鲜经营联合体方式做支持，就比较符合专业化分工要求，管理得好会是一种容易成功的生鲜经营模式。

（3）缺点

属于比较初级的生鲜经营形式。

商品组合控制能力较弱，会导致生鲜商品品类不全、现场缺少气氛和活力、价格空间和毛利有限、整体经营力很弱等问题，通常也是不成功的现场加工生鲜经营方式的归宿。

（4）条件

需要生鲜超市的经营具有很好的整体规划和运作能力。

2. 模式2：现场加工经营

生鲜的现场加工经营比较适合单店式的大型综合超市。

（1）经营方式

在生鲜超市经营中，提供生鲜商品现场加工制作，消费者可以体验或者品尝。满足生鲜现场加工的场地面积要相对较大。

（2）优点

提升生鲜区气氛，经营毛利高，品种变化较多，具有较大的整体经营运作空间。

（3）缺点

加工区占地面积较大，企业的投资量增加，管理上也会增加很多物业消防的限制和要求，自营生鲜管理难度和复杂性大幅增加。

（4）条件

需要生鲜超市具有完善的生鲜经营管理体系建设。

3. 模式3：生鲜加工配送中心

适合标准食品超市和增强性食品超市以及初级经营方式。

（1）经营方式

连锁超市自建生鲜加工配送中心，生鲜商品在加工场加工，再配送到各超市，加工区相对较节省。

（2）优点

投资合理、资源共享、有效利用、品质监控、无物业限制、对外配送。

（3）缺点

保鲜运输技术、连锁超市规模、运作管理系统复杂。

（4）条件

做生鲜加工配送需要注意以下几个方面。

① 加工中心和现场加工的功能分配度和管理系统。
② 生鲜区的经营模式、项目和手法定位，要以当地的消费环境为依据。
③ 确定方向和方案、经营项目和手法定位后，投资量和设备配置等也要随之确定，形成生鲜超市经营的基本框架。这样一个经营决策的过程，最终影响到加工区的布局。

二、经营规模分类模式

1. 模式 1: 单店模式

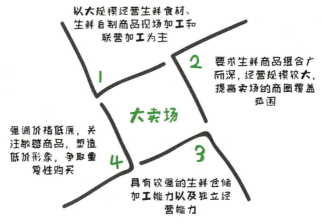

图 3-2-1 以单店为基础的生鲜经营模式

2. 模式 2: 综合性超市生鲜区模式

综合性百货型超市在卖场中开辟出生鲜经营区。

3. 模式 3: 仓储模式

图 3-2-2 4 种仓储模式

4. 模式 4：开实体店

代表超市：盒马鲜生。

要不要布置线下前置仓，盒马鲜生的论证过程是要考虑做前置仓的几个弊端。

① 损耗无法控制，尤其是海鲜水产类。一只螃蟹养三天就算不死，也得瘦 2 两。

② 租金高昂。以上海为例，上海的老工厂都改造成了创意园区，租金一平方米每天七八元，而且上海也没有仓库可租。

③ 单独一个前置仓，无法汇聚流量，如果靠地推、靠买别的平台流量，就与传统电商没有区别。

盒马鲜生采用选址开店的方式，一方面可以实现线上、线下流量的互相打通，一体化运营，让购物场景和体验更丰富；另一方面，盒马鲜生还是线上订单的前置仓。和单建前置仓相比，线下门店无疑可以容纳更多 SKU。

5. 模式 5：商超联动模式

代表超市：多点。

多点（Dmall）是一家线上、线下一体化全渠道新零售平台。

多点模式是开发、打通"商品、会员、供应链"系统，消费者体验自助购和 O2O 等新零售服务时，双方已经完成了复杂的数字化对接改造。

多点的仓储解决方案是"周转前置仓模式"，仓、售、配一体化运营是其主要特点。

首先，O2O 平台跟门店经营共用同一个商品库存，同一个后仓区域，商品数据协同统一管理，既不会产生额外的仓储成本，又不会干扰门店坪效。

其次，通过数字化分析管理，基本可以确保 90% 的线上订单都包含 TOP100 的单品。将这些商品集中到合作商超的后仓区域，直接在后仓发货，提升拣货效率，同时也不会干扰门店经营。

这种对原有仓储模式进行升级改造而非打破重构的模式，既确保了商品价格的竞争力，也守住了商家的利润。

三、经营面积分类模式

成功的生鲜经营需要规模经营，但投资规模不是规模经营的唯一标准，还可以从其他要素出发，有侧重地加以组合，比如功能、面积、设备、人员和投资。

不管是做单一生鲜超市，还是综合型超市生鲜区，都需要确定 4 个要素：① 商品数量；② 经营面积；③ 设备投入；④ 加工能力。其中，生鲜超市的商品数量、设备投入以及加工能力，都是由经营面积决定的。

1. 确定经营面积以提高使用准确性为前提

测算生鲜区规模定位时，正确的考虑要素排序是：
① 设计经营生鲜品类和商品结构；② 根据未来业务发展考虑预留出弹性空间；③ 按资金计划合理选配商品规格和设备档次；④ 确定生鲜经营面积规模。

按这种设计程序可以提高投资运用的准确性。

有很多大型超市测算生鲜经营规模时，先划定生鲜区的位置和面积，再根据资金情况规划和配置设备，最后才确定经营品类和商品结构。这样做的隐患是，容易出现经营规模定位和生鲜商品结构脱节，导致设备空置，生鲜设备投资安排不当，造成资金浪费。

2. 生鲜超市经营面积测算参数

超市业态形式直接影响生鲜区经营规模及功能、面积、设备、人员和投资等配比。不同类型的超市生鲜区面积规模测算参数如下。

表 3-2-1　超市生鲜区规模测算参数

超市类型	超市面积／平方米	生鲜区比例
标准食品超市	1500～3000	30%～40%
加强型食品超市	3000～5000	25% 左右
大型综合超市	＞8000	20% 左右

需要注意 2 点：① 生鲜区经营面积包括生鲜加工区和销售区面积的总和；② 超大型超市的生鲜区面积上限一般为 2500～3000 平方米。受生鲜品项数量和商品结构的限制，生鲜经营面积并不随超市整体经营面积增加而增加。

四、组织结构设计原则

1. 原则 1：明确位置

生鲜超市的组织结构设计，必须能解决以下 6 个问题：
① 组织内的部门设置名称；
② 部门岗位名称及所需人数；
③ 每个人在组织中所处的位置；
④ 每个人的部门归属及直接领导；
⑤ 各岗位工作者在工作中应到哪里去获得开展工作的信息；
⑥ 每个岗位要与哪个部门和哪些岗位协作。

2. 原则 2: 实现自我激励

科学合理的组织结构可以使组织成员实现自我控制与自我激励。好的组织结构能体现出个人努力方向及成就与组织努力方向及成就的协调融合,从而实现激励员工与促进组织成长发展的目标。

3. 原则 3: 使组织稳定

门店组织结构设计必须考虑组织整体及管理制度的稳定。在运营部门组织体系中,每一位工作人员的岗位职责都需要达到专业、简单而规范,以确保门店的正常运转和持续发展。

五、组织结构类型

1. 连锁模式下的生鲜超市组织结构

连锁型生鲜超市为总部和分店 2 个层次或总部、地区分部、分店 3 个层次。这类管理模式下的生鲜超市单店组织结构如下图所示。

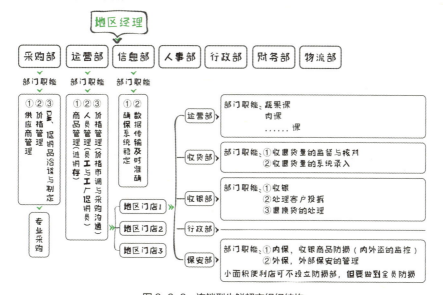

图 3-2-3　连锁型生鲜超市组织结构

2. 超市全店组织结构

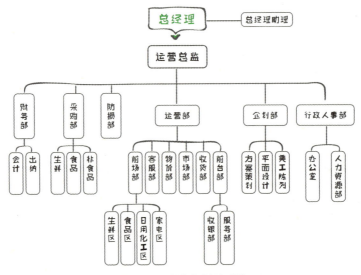

图 3-2-4　超市全店组织结构

3. 大型单店前场组织结构

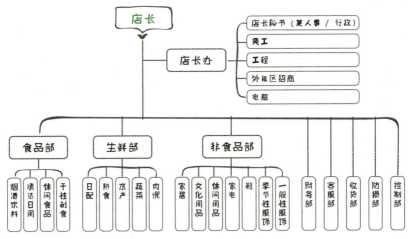

图 3-2-5　大型单店前场组织结构

4. 生鲜部前场组织结构

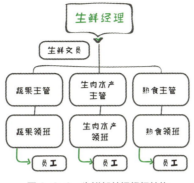

图 3-2-6　生鲜部前场组织结构

六、组织人员编制分配

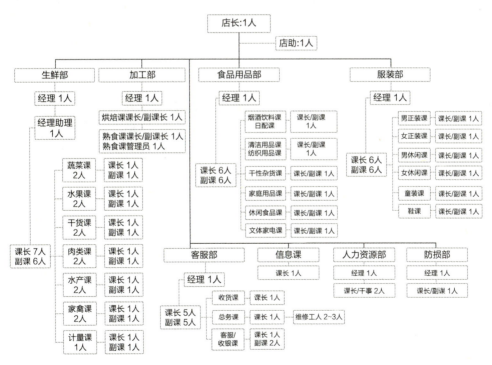

图 3-2-7　组织人员编制分配（大卖场，日均销售 ≥ 50 万元）

七、组织运作流程

1. 全店运作流程

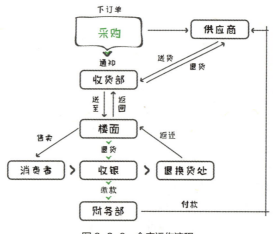

图 3-2-8　全店运作流程

2. 生鲜物流总流程

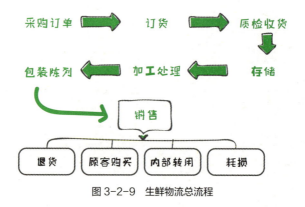

图 3-2-9　生鲜物流总流程

第三节 生鲜超市运营管理及方法

生鲜超市运营管理的核心是通过细致和标准化的运营管理来提升生鲜商品的品质并降低运营成本，通过提升企业的整体运营管理能力，向顾客提供高品质和低价格的生鲜商品，增加营业额，降低运营成本，使企业获得合理的利润。

一、运营领先的生鲜超市经营理念

运营领先的生鲜超市，都坚持住了以下3个经营理念。
① 重视生鲜食品。这意味着超市要提供更丰富多样的生鲜商品品种，而且保证生鲜食品的高品质。
② 提供低廉的生鲜食品销售价格。保证其价格与周围农贸市场的价格相同。
③ 员工培训和管理专业化。专业化训练意味着超市能得到更适合顾客口味的各种生鲜食品，尤其是自制类食品。

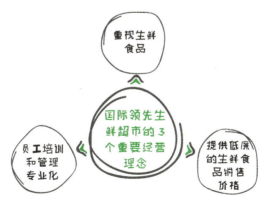

图3-3-1　国际领先生鲜超市的3个重要经营理念

生鲜超市同时做到以上3点并不容易，因为它们之间存在矛盾，要达到高品质生鲜食品和专业化之间的平衡，并不容易做到。

国际领先的生鲜超市依靠自己成熟和专业的管理方法能做到,他们的工作方法是什么,他们如何保持自己的生鲜超市一直赢利?

秘诀只有一个,就是其强大的运营管理模式。

二、生鲜超市运营管理的 4 个内容

我们可以从 4 个方面分析生鲜超市运营管理成功的原因:商业政策管理、商品管理、资产管理和营运管理。

(一)商业政策管理

商业政策是零售企业的战略决策部分,一家零售企业必须首先定义自己的目标顾客是谁,他们有何特征,再根据自己定义的目标顾客的需求特征设计商品结构、价格政策和促销计划等。

图 3-3-2 生鲜超市商业政策管理的 3 个内容

1. 商品结构管理

(1)用商品结构表保证提前准备季节性商品

生鲜超市必须突出生鲜商品的季节性特点。超市的商品结构设计明确规定了商品分类原则和各分类中的单品及其数量。以上做法是为了保证提前准备季节性商品。

生鲜超市商品结构表须严格标明 3 点内容:非季节性商品、季节性商品、每个单品的季节性时间和期限。

(2)管理层定期召开商品结构调整分析会

生鲜超市还应该随着当地市场变化和销售情况,定期(如每周一次)招集采购部门、门店经理、订货部门等相关人员召开商品结构调整和分析会议,不断调整商品结构以适应季节性和市场的变化。

国际领先的生鲜超市在这方面的做法是:

① 规定商品部门和门店经理定期对商品结构的完整性进行检查,以保证商品结构内的单品都能

得到正常的订货；

② 分析各类商品结构的完整性比重，作为对门店经理的重要考核指标。

2. 商品价格管理

根据目标顾客范围，生鲜超市的价格政策要明确保证其零售价格与周边的农贸市场持平。

为了维持竞争和毛利的平衡，国际领先的生鲜超市依据商品价格敏感性将所有生鲜商品划分为不同的敏感性分类，对不同敏感性分类确定不同的毛利指标。比如，高敏感性商品的毛利指标定为 2%；非敏感性商品的毛利指标可能是 50%。

这样的价格组合方式有 2 个优点：

① 保持了很好的价格形象；② 给生鲜超市保留了合理的毛利。

当然，这个组合的前提是，及时了解竞争对手的价格调查流程和变价流程，不要因为执行不力而失去对市场价格的敏感度。

3. 商品促销活动管理

促销活动是超市最重要的聚客手段之一。一些国际领先的生鲜超市会制定每周促销活动的次数和每次促销活动的单品数量。应确定商品促销活动管理的标准化流程并制定年度整体促销计划，每次促销活动安排都要保证其细致性的管理原则。

具体涉及营销和采购 2 个部门的工作。

营销部门要做到 2 点：① 年底要制定下一年度的每周促销计划；② 把生鲜超市的促销活动做成标准化工作流程。

国内很多大型生鲜超市的企业促销活动计划多，却没形成年度且细致到每周的促销活动计划。

采购部门和各个门店要配合做到以下几点：① 确定促销商品；② 在每次促销活动计划安排中，详细规定促销日期、促销价格、促销毛利等；③ 门店根据实际情况确定促销商品定货量和陈列设计；④ 要求每次促销必须重新设计排面陈列等。

图 3-3-3　采购部门和门店的促销配合

（二）商品管理

商品管理是零售企业管理的核心，整个商品管理过程包括 4 部分：收货管理、库存管理、陈列管理和卖场管理。

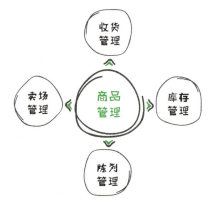

图 3-3-4　生鲜超市商品管理的 4 部分内容

1. 手段 1：收货阶段保障品质、控制耗损

对于生鲜商品的管理来说，每个部分又有其独特性。生鲜商品的管理有 2 个重点：品质保证和损耗管控。

国际领先的生鲜超市对于商品管理有严格的收货管理流程，其核心是如何控制商品品质。收货阶段的品质控制体现在 3 个方面：

① 收货区有严格的冷链控制标准，从温度、运输工具、包装等方面严加控制；

② 每个商品都有其专门的验收标准手册和检验方法手册；

③ 应用很多简单而有效的管理方法，如为控制保质期而采用色带管理制度和包装物分类管理方法等。

2. 手段 2：库房（冷冻和冷藏库）的管理

生鲜商品库存管理的关键是控制好 3 个重点：冷库温度、商品分类储藏和商品保质期。

比如，一家欧洲生鲜超市有一项冷库温度检查制度，规定每天早班，由最早报到上班的员工检查冷库温度并记录，晚班由最后离开的员工检查温度并记录。这样就不用每个员工都去检查一遍冷库温度，提升了工作效率和监控精准度。

3. 手段 3：商品陈列量化管理

生鲜商品陈列量化管理的关键点有 2 个：生鲜食品季节性和价格敏感性。

一些国际领先的生鲜超市的陈列计划有如下 2 个内容：

① 明确每月一份不同的商品陈列图；
② 依据商品销量和周转率定期分析排面量比例，以保证排面量的合理安排，保证排面陈列的高效利用，减少缺货、库存金额和损耗。

4. 手段 4：卖场的精细管理

卖场管理的核心是保证生鲜商品的品质和损耗。

（1）日检清单

国际领先生鲜超市的做法是：
① 从店长到各部门经理，人手一份详细的日检查清单；
② 日检查清单的检查内容必须详细。

常规日检查清单的内容是：陈列、品质、价格、商品结构、促销、设备、卫生、员工、仓库、收货等项目。甚至可以详细到诸如大白菜供应、西红柿陈列等检查项目。

（2）评分管理

这些检查项目不仅要每天逐项检查，还要评分，最后每月汇总，对每项检查项目做一次总评分。评分管理的作用有 2 个：
① 对各级经理的管理做出定量评价；
② 通过评分分析可以准确发现每个部门出现的关键问题，进而改善管理。

在卖场管理中，还应制定详细的规范，包括如何出台面、保持台面和收台面，明确规定晚上和早晨上台面的商品，晚上可以撤台面和保留台面的商品等。而所有这些，在国际领先的生鲜超市都需要细致到每个单品。

（三）资产管理

生鲜商品管理具有特殊性，因此其资产管理非常重要。

（1）包装材料及工具管理

资产管理需要详细规定 2 个方面：① 包装材料和工具使用方法；② 耗材和消耗性工具的库存及订货方法。

（2）卫生管理

卫生管理是资产管理的最关键部分。国际领先生鲜超市的卫生管理系统由 3 个方面构成：固定管理部门定期检查，门店保安部经理月度检查和外包卫生检查公司不定期检查，从而真正保证了商品的品质。

卫生管理具体包括 6 类内容：商品保质期管理、环境卫生管理、仓库卫生管理、收货卫生管理、卖场卫生管理、个人卫生管理等。

（3）全链条管理

卫生管理需要涵盖从商品部门供应商卫生情况定期检查，到物流控制、收货、仓储，最终到门店销售的整个环节。

（4）分环节标准化管理

管理部门要对每个部门分析卫生管理中的关键点，依次设计出针对不同部门的卫生管理规定和评分标准。

一些国际领先的生鲜超市最值得借鉴的经验是制定了卫生管理的工作方法和检查流程。这些方法和流程涉及整个超市中的每个细小环节，在每个细小环节中严格规定清洁频率、清理日期、清理人、检查人，以及清理后的合格标准等。

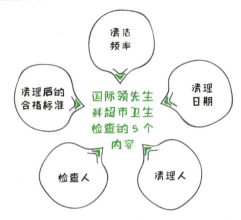

图 3-3-5　国际领先生鲜超市卫生检查的 5 个内容

（四）营运管理

整个营运管理包括 6 个内容：订货管理、损耗管理、毛利管理、盘点管理、组织结构管理、会议模式和档案管理。

1. 内容 1：订货管理

生鲜超市正常运营之后，需要追求的是高营业额和持续的毛利。而影响营业额和毛利的是商品数量和商品质量。能够控制这两点的是订货管理。

生鲜商品的保质期一般很短，如果订货管理出现问题，就会导致损耗大幅增加和缺货产生。

（1）订货管理核心

国际领先生鲜超市订货管理的核心部分是订货日的销售量预估和毛利预估。

（2）判断订货失败的标准

生鲜超市所言的订货管理，已完全脱离了传统的订货概念，订货核心已经延伸到了严格控制每一天的销售和毛利上。原因有二：

① 如果第二天的定货量全部卖完还不能完成当天的销售预估，则这样的订货肯定不能被通过；

② 如果根据订货量、订货价格及销售价格计算出来的销售毛利不能完成当天的毛利预估，那么这样的订货也是失败的。

图 3-3-6　生鲜商品订货管理失败的 2 个指标

2. 内容 2：损耗管理

生鲜商品的高损耗会导致超市毛利流失。耗损管理控制是生鲜超市运营管理中的重点和难点。生鲜商品损耗通过完善营运管理可以得到有效控制。

控制损耗的核心是完善损耗控制流程和制作具有实践性的管理工具。

图 3-3-7　生鲜商品耗损控制的 2 个核心

（1）耗损管理的流程控制

国际领先的生鲜超市在耗损管理中，制定了严格的损耗管理流程和实用的损耗管理工具，比如在损耗管理流程方面，做到了 5 点：

① 规定每天跟踪损耗量；② 分析每日损耗量占当天营业额的百分比；③ 累计损耗量占累计营业额的百分比；④ 每天控制损耗情况，保证损耗每天都在要求的指标内；⑤ 发现某天的实际损耗超过损耗指标时，马上召开由店长参加的损耗分析会议，分析损耗过高的原因，在会议中拿出解决办法，形成行动计划。

比如，经过分析发现损耗过大的原因是由于鱼课的订货员工是新手，缺乏商品知识和订货经验，就可以采取措施，如更换订货员工，或由课长对其进行强化订货培训等。

（2）耗损管理日常化

耗损管理要做到日常化。日常化是指耗损管理要和每天营运部门的各个环节紧密结合。比如订货、促销、库存、商品结构等各个环节。损耗专门管理是对损耗每日控制，以具体量化指标每天衡量损耗的结果，便于及时发现损耗的原因。

3. 内容 3: 毛利管理

毛利管理贯穿于生鲜超市的整个运营管理过程。

国际领先的生鲜超市在毛利管理方面采用与损耗管理相对应的每日控制流程法，即在第二天，店长和总部商品部就会知道当天各门店的毛利情况，是否完成了当天的毛利指标。

在毛利控制中，将库存、销售、进货、进价、售价、损耗等相关因素都考虑在内，这样可以保证得到每天相对准确的毛利。

收货部门的收货金额和收货价格是毛利管理的核心。比如家乐福采用供应商供价自动竞价系统，超市自动给每日报价最低的供应商下订单，收货部门严格依照生鲜商品的收货标准，严格控制生鲜商品品质。

图 3-3-8　毛利管理的 2 个核心

4. 内容 4: 盘点管理

毛利管理是生鲜超市运营管理的重要核心。任何人都会重视毛利，真实的毛利必须来自超市的盘点。

（1）盘点管理的关键因素

盘点管理的关键因素是盘点的频率和质量。

图 3-3-9　盘点管理的 2 个关键因素

这里所说的毛利不是财务毛利，而是通过盘点得到的真实期末库存计算而来的真实毛利。

（2）盘点要有详细的规章制度

每次盘点整个超市，从总部到门店都要极其重视，要有详细的规章制度。每次门店盘点必须由财务部门组织和控制，包括盘点时间、盘点商品、盘点过程控制、盘点结果计算等。

图 3-3-10　财务部门控制盘点的 4 项内容

5. 内容 5: 组织结构管理

生鲜超市在组织结构管理中，应努力降低人力成本，提高工作效率。

（1）严格计算员工人数

在国际领先的生鲜超市每家门店的组织结构中，员工人数都经过严格计算最终确定。

① 根据门店的营业额指标计算各个部门及各个岗位的工作量。

② 每个岗位每周总工时除以每个员工每周 40 小时的法定工作时间，得到每个岗位需要的员工人数。

（2）详细配置员工工作量

各部门每周排班计划，不仅要有每位员工的工作时间安排，还要有每天每个员工的工作内容安排。

6. 内容 6: 会议模式和档案管理

优秀的生鲜超市管理企业，非常重视会议。会议管理非常明确：

① 规定会议的时间；② 规定会议的主题和内容；③ 规定部门档案的标准化存放内容。

第四节
生鲜超市部门管理规范

一、生鲜超市的 7 项基础规范

生鲜超市作为一个卖场,除了达到一般零售卖场的管理标准之外,还要有其他标准,如:干净、清洁、美观、舒适的环境和氛围;商品新鲜、品项齐全、价格合理、陈列丰富、价格指示清晰;店内安全卫生的运营标准规范,服务细致周到,等等。

只有做到这样的基本管理规范,生鲜超市才能吸引顾客的目光,提高顾客的购买欲望。

1. 环境卫生管理

生鲜超市需要提供给顾客一个洁净、舒适的购物环境。让顾客有一个愉快的购物心情,是生鲜超市最基本的要求。生鲜区域卫生管理的达标要求有四点。

① 保持清洁不得积水,避免一切蓄积灰尘的可能性。

② 有充分的生鲜货品质量保证。

③ 有明确的管理要求指示。比如在生鲜操作间(如牛羊肉、猪肉销售区域),卖场(如水产、冷冻禽类销售区域)等处需要悬挂"禁止吸烟""禁止用餐"的提示,以符合卫生标准。

④ 生鲜作业人员的个人卫生及形象要求。比如着装、仪容仪表、个人良好的卫生习惯,以减少生鲜商品受到污染的机会,确保生鲜商品的鲜度与品质。

2. 新鲜品质管理

"质量就是生鲜商品的生命。"这句话是做生鲜超市必须懂的宗旨。

生鲜超市要提供新鲜卫生的好商品,就必须要控制商品质量。需要建立严格的验收、收货制度。比如,进货日期、品名、规格、数量、质量等入库制度;收货员、录入员、生鲜主管验收制度,以形成管理严密的控制链,保证生鲜商品的新鲜品质,给顾客良好的视觉感官。

3. 丰富季节感的商品陈列

生鲜商品具有的天然色彩是超市热烈红火气氛的制造者。它能营造门店商品新鲜、热情、活泼的气氛和季节变化的量感。

生鲜超市商品陈列要达到 4 个效果。

① 用丰富的陈列体现出店面新鲜。

② 根据季节做商品组合，做到商品齐全、分类清楚、量感陈列，体现商品物美价廉的特点，从而吸引消费者选购，提高顾客购买欲，创造人潮，抢夺人潮，树立生鲜形象。

③ 利用陈列方式将性质、功能相同或相近的商品摆在同处，刺激消费，简化顾客对商品质量和价格的比较程序，易于销售。

④ 根据季节或 DMS，安排每一种商品的合理空间排面，以达到最高坪效要求。

图 3-4-1　生鲜超市陈列效果要求

4. 商品低价策略管理

"天天低价"是生鲜商品保持形象和销售的最重要策略，生鲜超市通过低价促销保持商品品质、降低损耗、加快生鲜商品流转。以低廉合理的市场价格和强有力的促销增加来客数量是生鲜超市经营的基本思路。

5. 商品鲜度管理

卖场在营业时间提供持续鲜度高的生鲜商品是必备的营业能力，更是留住顾客的最佳方法。

保持和延长生鲜商品的鲜度，确保生鲜商品质量，使顾客买得安心，是生鲜超市基本的鲜度管理目标。完成生鲜商品陈列后，还要加以整理，否则会缩短生鲜商品的货架周期，增加损耗，削弱商品表现力。

图 3-4-2　生鲜商品鲜度管理的 3 个要求

6. 生鲜保存规范

明确了解各项生鲜商品和加工原料的理想存储温湿度要求，使商品和原料在待售、待用状态下保持最佳品质。如，熟食（面包）陈列热柜正常温度为60℃，熟食冷藏柜正常温度为0~5℃；各种展示柜、冷冻（藏）库均需温度调整操作规范；关店后，把最易损耗（变质）的商品打包放入冷藏或冷冻库内。

7. 有效顾客需求

一个生鲜超市，只有最大限度满足顾客的需求，才能实现最终目的——创造经营利润最大化，公司才能持续经营和发展。如：把生鲜商品质量的筛选方法用POP牌告诉顾客，以降低人为损耗；明确标出各种生鲜商品的料理方法和营养成分，以吸引或增加新的顾客购买。用各种细节管理换来顾客对门店的长期信任和购买，这样门店才能实现长期的利润回报。

二、生鲜部卫生环境要求

1. 店容店貌监督

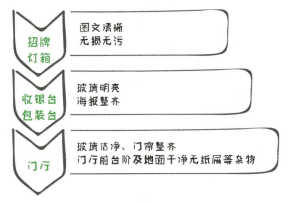

图3-4-3　生鲜超市店容店貌要求

2. 店内10处清洁标准

表3-4-1　店内10处卫生清洁标准

序号	地点	标准
1	存包柜、存包台	内外清洁，存包牌醒目
2	收银台、包装台	干净、无杂物，包装用具整齐
3	货架	清洁、卫生、无尘
4	冷冻柜、保鲜柜	干净、卫生、无异味
5	购物车、篮	清洁卫生、摆放整齐
6	地面	无纸屑、果皮、烟头、杂物、垃圾
7	顶棚	墙壁无脏迹、蛛网
8	更衣室、更衣柜	干净整洁
9	卫生间	干净卫生、无异味
10	员工卫生	工作服整洁、仪容大方

3. 标价签

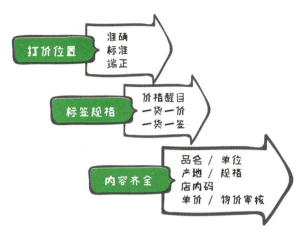

图 3-4-4　生鲜超市标价签要求

三、生鲜超市待客的 4 个要求

生鲜超市属于服务业，好的服务才能保证顾客满意，吸引更多回头客。

在零售业竞争日趋同质化的今天，服务是体现企业竞争优势的主要手段，如沃尔玛以服务享誉全球。

1. 积极态度

图 3-4-5　生鲜超市服务态度

2. 即时满足

图 3-4-6　生鲜超市服务目标

3. 了解顾客需求

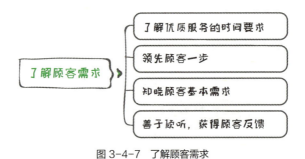

图 3-4-7　了解顾客需求

4. 发展回头客

图 3-4-8　发展回头客

四、生鲜超市售后服务管理

1. 退回服务流程规范清晰

产生退换货需求时，配送司机现场可处理的由司机直接处理，非现场可处理的由客服处理，并确定退换货日期及退款方式。退换货流程要做到规范清晰，内容如下图所示。

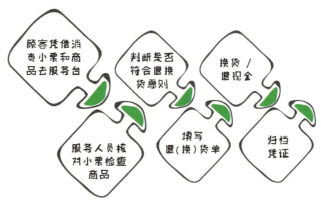

图 3-4-9　退换货流程规范清晰

2. 退换货的 4 项基本原则

生鲜商品由于其自身特点，必须确定顾客退换货原则。

① 强调退换货流程、标准及时间。② 对顾客所退换的商品质量状态有清晰界定。比如，非质量问题的商品是否予以退换货，以及退换货标准。③ 不予退换货的品类及销售要做好告知服务。④ 一般超市的促销品、处理品、清仓品不予退换。

图 3-4-10　退换货的 4 项基本原则

3. 顾客投诉处理流程

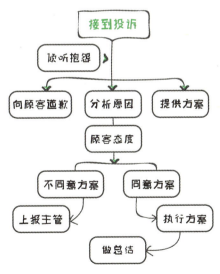

图 3-4-11　顾客投诉处理流程

五、工作设备使用规范

1. 基本设备和材料配置

生鲜区的设备配置依据是生鲜超市的商品配置方案。根据采购部生鲜商品的经营结构和品种配置决定设备的基本配置。生鲜设备配置的基本要素是场地条件、消防设备、卫生防疫要求、整套设备功能搭配、性能价格比、投资预算等。

生鲜超市必备基本设备如下表所示。

表 3-4-2　生鲜超市基本设备工具和材料类别

设备	电子秤、打包机、扎口机、冷库(冷冻、冷藏)、热柜、冷柜、立风柜、岛柜、平板车、液压车、灭蝇灯
材料	热敏纸、连卷袋、保鲜膜、扎口胶、托盘、洗洁精、漂白水、玻璃水
工具	盘子(塑胶、不锈钢)、食品夹、刀具、剪子、拖把、扫把、钢丝球、毛巾
专用	鱼肉(肉类、鱼类)、熟食(卤水、烤炸)、面包等

2. 设备维护

生鲜超市的设备由于使用密集,日常耗损很大,基本维护要求做到每日检修检查。比如,条码秤每周维护一次;前台数据每周清理一次,后台对数据每月清理一次;打印机每周每台必须检修一次;前后台设备每周系统检修一遍等。

3. 设备卫生管理规范

图 3-4-12　设备卫生管理规范

第五节
生鲜超市店面主要岗位职能

一、店长

1. 店长职能

店长在生鲜超市全店运行中，是非常重要的角色，是全店的核心和总协调者，是店面运作的枢纽、员工的榜样。在生鲜超市组织结构中，店长要具备全面的生鲜超市管理知识，还要非常熟悉超市商品的流转程序，具有计划、协调、组织人员管理及独立处理门店日常事务的能力。

① 店长处在员工与老板之间，起到承上启下的作用。
② 对老板而言，店长是支持者、建议者、执行者和承担者。
③ 对员工而言，店长是管理者、领导者、激励者、榜样和督导者。

2. 店长 9 项主要工作内容

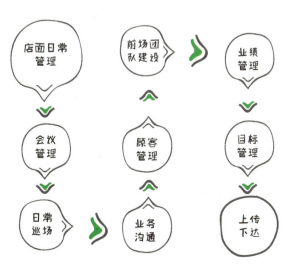

图 3-5-1 生鲜超市店长的工作内容

3. 店长工作范围

店长是一项细致且繁杂的工作，像一家之长，大事小事都要抓，大小细节都要管，能做店长的人必须手勤、心细、有耐性，尤其要具备调动全员、全面把控细节的能力。

店长的工作范围就融合在超市门店的日常运作中，围绕店面、顾客、员工3个方面展开。

图 3-5-2　店长工作范围

4. 店长 5 项常规工作

店长每天的工作就是负责门店正常运转的一切事务。包括人员工作岗位调配、上班时间调动，以及考勤、休假安排、思想工作、绩效考核等具体事务。

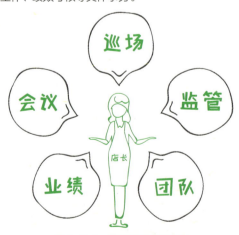

图 3-5-3　店长 5 项常规工作

（1）巡场

营业时，店长要随时观察店内整体情况。在全店销售高峰客流较大的时段，需要控制服务节奏，注意店员的服务质量。

店长掌控现场的重要行动，就是巡场。巡场的目的是观察和掌控门店开业前的工作准备情况，包括人员考勤签到、货源、商品陈列、交接班、设备设施操作与维护等，通过全面实施门店管理，确保门店良好正常运作。

（2）监管

① 监管人：对考勤、纪律、行为、心态、状态、销售任务的管理。

② 监管制度：对工作流程、绩效考核、规章制度、报表等一系列工作文件的管理。

（3）团队

一个店长，必须培养出富有战斗力的团队，才能带领团队按目标完成销售任务，按节奏完成日常工作，保证店务效能。

团队培养要求店长具备3个方面的能力：

① 能按清晰的岗位需求分派工作；

② 有优秀的选人、育人、用人和留人的能力；

③ 善于处理团队内部矛盾，对能力欠缺的员工给予针对性的辅导和培养。

生鲜超市员工3类必要的工作培训：

① 新进人员在职训练；② 定期在职专业训练；③ 节庆促销配合训练（如礼盒包装、店面装饰布置）。

（4）业绩

店长的业绩管理有4项工作内容：

① 处理和管控公司制定的各项经营指标；

② 审阅门店各种数据报告、销售数据；

③ 分析柜组销售数据，掌握门店销售动态，调整销售策略；

④ 协调相关部门处理滞销、淘汰、报损、破损等商品。

（5）会议

实体零售业的门店运行，3类数据每时每刻都在变化：

① 店内每日的进、销、存数据；② 当日到店人数；③ 产品坏损等与销售有关的重要环节。

门店掌握和管理以上3类数据的重要方式是会议。常用的会议形式有：早会、晚会、周会、月度会议、季度会议、年度会议、促销动员会议和其他临时增加的会议。每一种会议都要有一系列的流程和制度保障。

```
┌─────────────┐  ┌─────────────┐  ┌─────────────┐
│  常规会议    │  │  阶段会议    │  │  随机会议    │
├─────────────┤  ├─────────────┤  ├─────────────┤
│ 日、周、月例会│  │  促销会议    │  │  临时会议    │
│  季、年例会  │  │ 特定主题例会 │  │ 突发事件会议 │
└─────────────┘  └─────────────┘  └─────────────┘
```

图 3-5-4　会议及议题内容

表 3-5-1　店长每日工作流程表

时段	工作项目	工作重点
8:00～9:00	晨会（通常每日一次）	本日工作要项传达
	部门会议	①各部门协调事项 ②完成今日营业目标
	出勤确认	出勤、休假、人力配置、服装仪容及精神状况
	卖场、后场状况确认	①卖场商品陈列、补货、促销以及清洁状况 ②后场厂商进货、检验及仓库状况 ③收银员零找金、备品以及服务台状况
	昨日营业状况确认	①营业额 ②来客数 ③客单价 ④未完成预算部门
9:00～10:00	开店状况检查	①各部门、专柜、供应商工作人员、商品促销等就绪状况 ②入口门、地面清洁灯光照明就绪状况
	部门计划重点确认	①部门销售计划 ②商品计划（特价品、次品） ③出勤计划 ④教育计划 ⑤其他（竞争店调查至少每周一次）
10:00～12:00	营业问题点追踪	①昨日未完成目标的部门原因分析和改善 ②电脑报表时段及商品销售状况分析 ③有关部门限期改善
	卖场商品态势追踪	①厂商次品确认追踪 ②重点商品、季节商品的陈列表现确认 ③时段别营业额确认（与昨日对比）
	仓储及库存	①后场库存状况确认 ②仓库库存品项 ③了解数量、管理状况及指标
	营业尖锋态势掌握	①各部门商品表现及促销活动开展状况 ②后场人员调度支援收银和促销活动
12:00～14:00	午餐	交代指定主管负责卖场管理工作

续表

时段	工作项目	工作重点
14:00～15:00	竞争店调查	同时段竞争店与本店营业状况比较,如来客促销状况、重点商品价格等
	文书作业及计划报告撰写准备	①人员变动、请假、训练、顾客意见等 ②月、周计划及营业会计、竞争店对策等
15:00～16:30	部门营业额确认	①日营业目标完成程度 ②各部门营业额确认及尖峰时段销售指标
	全场态势巡视、检查及指示	①卖场、后场人员及商品清洁、促销等环境及改善指示 ②专柜厂商配合程度
16:30～18:30	营业尖峰态势掌握	①零找金确保正常状况 ②商品齐全及量化 ③促销广告
18:30	关店前后准备	交代晚间营业注意事项及关店事宜

二、生鲜超市部门划分

生鲜食品经营,品种多、鲜度高,生鲜商品运作管理是生鲜超市组织管理的重要板块。生鲜超市一般会划分四个部门:蔬果部、肉类部、水产部、熟食部。

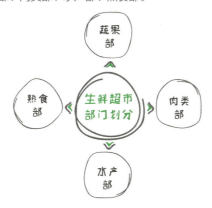

图 3-5-5 生鲜超市部门划分

三、生鲜部核心岗位

生鲜部是生鲜超市经营的热点,更是生鲜超市重要的集客手段。
生鲜超市要重点管理生鲜各岗位的职能规范,明确生鲜区主管和员工基本岗位的职责和工作内容。

3类生鲜部核心岗位如下图所示。

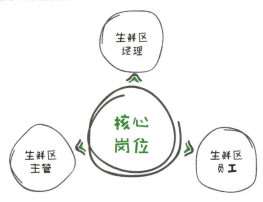

图 3-5-6　生鲜部的核心岗位设置

1. 生鲜区经理

生鲜区经理是生鲜部业绩和毛利各项指标的责任人，其工作内容有 5 类：
① 生鲜楼面陈列及动线设计；② 协助楼面运转流畅；③ 协助楼面业务管理、追踪损耗；④ 培训各种有关生鲜运营的课程；⑤ 核查生鲜资产设备及规范生鲜作业。

2. 生鲜区主管

生鲜区主管的主要工作内容有 3 类：
① 本区域商品价格、质量和保质期的监督、检查责任人；② 掌控本区域商品进货及陈列、商品新鲜度、品种齐全度、价格合理与否；③ 定期收集同类商品的市场信息，调整售卖策略。

3. 生鲜区员工

生鲜区员工是比较辛苦的岗位，每日工作相当繁杂，从订货、验货、补货、盘点，到鲜度管理、加工处理、陈列销售，工作量相当大。能力要求是勤快、动手能力强，有良好的专业知识技能与职业素养，有实地操作技能，有按规程操作的职业习惯。

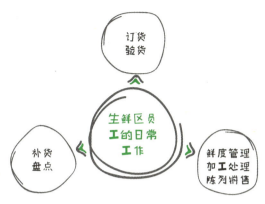

图 3-5-7　生鲜区员工的日常工作

四、生鲜部技术岗位

1. 岗位设置

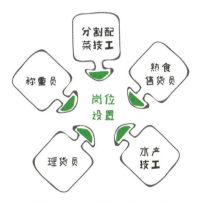

图 3-5-8　生鲜部技术岗位设置

2. 岗位名称及工作职责

（1）称重员

表 3-5-2　称重员每日工作

工作重点	工作内容和标准
礼仪要求	熟练使用礼貌用语，微笑服务
岗位技术要求	熟练掌握本岗所有商品代码、名称
	完全熟悉电子秤的各项基本操作
	熟练本岗位各用具的正常使用（如电子秤、扎口机养护）

续表

工作重点	工作内容和标准
三个留意	留意条码纸的名称、重量、单价、总金额与商品实际情况是否相符
	留意顾客的流量,及时处理疏通排队等候的顾客
	留意周围陈列、堆头的商品是否新鲜、丰满,及时提醒同事补货或协助拣除有问题的商品

(2) 理货员

表 3-5-3　理货员每日工作

工作重点	工作内容和标准
3 个掌握	掌握商品整理的先后顺序、技巧、保证商品整理包装完毕后的整体观感
	掌握商品陈列的要点和数量,且保证商品量感、新鲜
	掌握库存于陈列架底下商品的存放原则
3 个及时	及时将问题商品分类处理
	及时巡查陈列架商品情况
	及时整理黄叶、烂叶的商品,维持商品整洁的形象
2 个保证	保证商品在营业前上架完毕,每天没售卖完的打包商品返包,注意补货、理货
	保证每天的商品缺货、补货、损耗报表正确无误,及时汇报商品质量和实时销售情况
2 个监控	监控本岗位所辖商品的味道、功用、形状,利于向顾客推介和收货提供标准
	监控仓库和冷藏库的商品存放,是否分门别类、整洁且使用"先进先出"原则

(3) 分割配菜技工

表 3-5-4　分割配菜技工每日工作

序号	工作内容和标准
1	掌握肉类分割的先后顺序、百分比,需要具备很强的成本意识
2	掌握斩骨姿势、刀的高度、着力点、准确度,斩骨正确摆放
3	掌握鲜肉分类、包装、陈列,多余鲜肉分类存放或晾挂肉架保存于冻库
4	掌握包装要点、技巧,提高分割、配菜的时间、速度、效率
5	掌握配菜主、辅材料所需用量,配搭、包装、成本控制

(4) 水产技工

表 3-5-5　水产技工每日工作

序号	工作内容和标准
1	明白安全、快捷、准确对本岗位工作的重要性
2	掌握各种鱼类的宰杀方法,以保证工作的时间、速度、效率
3	熟悉掌握饲养海鲜、河鲜的要点和技巧。保持工作桌台及周围环境、水渠、通道、鱼池的卫生整洁
4	留意冰鲜销售情况,及时处理滞销、质变、霉变的商品
5	掌握辨别冰鲜新鲜度的技术
6	填写每天商品缺货、补货、损耗报表,及时汇报商品质量和实时销售情况
7	巡查库存商品的存放情况,是否分门别类、标识时间,维持"先进先出"原则

（5）熟食售货员

表 3-5-6　熟食售货员每日工作

序号	工作内容和标准
1	熟练使用礼貌用语，微笑服务，举止庄重
2	熟悉本岗位商品的制作、味道，利于向顾客及时推介和促销
3	探讨顾客经常需要哪些风味的菜肴，及时反馈顾客意见，利于提高熟食销售、减低损耗
4	清楚每份快餐的标准份量，严格执行规定的标准，具有强烈的成本意识
5	检查熟食商品，发现变色、变质、变味的商品及时反馈处理或折卖
6	把每天没售卖完毕的打包商品返出，更换标签
7	留意商品陈列的量感、新鲜感，遇到缺货或少货时要及时反馈、提醒增补
8	保证陈列柜、走廊、熟食用具，保持自身形象的卫生整洁
9	对顾客的疑问耐心解释、回答、指引，多说"请稍等""有什么能帮助你"等

五、生鲜主管岗位

1. 食品主管

表 3-5-7　食品主管每日工作

序号	工作重点	工作标准
1	建立、完善本部门的制度、规范	①适时推出适时性制度、规范 ②与公司、门店保持一致 ③与各部门互相配合 ④随业务变化做适时调整
2	巡视工作区，检查员工出勤、着装、早会等情况	①及时掌握员工纪律情况 ②严格按照公司制度处理 ③及时纠正不良行为，不断提高员工自觉性
3	组织召开例会	①准确上传下达 ②总结昨天工作，布置今天工作 ③及时纠正错误行为
4	参加各组晨会	不定期地轮流参加
5	参加店总组织的例会或其他会议	①准时参加，遵守纪律 ②做好记录，总结会议精神并向下传达、落实 ③详细汇报部门工作，听取他人意见及上级的安排
6	协同下属员工一起开展日常工作	①在无其他事务时予以积极开展 ②准确了解下属的各项事务 ③起带头作用，鼓励员工
7	处理下属解决不了的问题	①认真对待，及时解决 ②细心做好协调工作，24小时内解决问题 ③严格依规章制度处理

续表

序号	工作重点	工作标准
8	巡场、检查各组的工作	①不定期进行，协助员工解决问题并指导员工工作 ②严格要求员工工作程序化、规范化，按时、按要求、按规定完成各项工作 ③追究不良工作效果的工作责任 ④开展及工作效果（排面、堆头、场景气氛、货架、商品的卫生、商品保质期） ⑤卖场气氛的POP牌、指示牌、订货、退货、库存、降价促销、报损等
9	查看报表，分析各组销售	①每天上午10:00之前完成 ②对比昨天，寻找起伏原因 ③登记畅、滞销单品 ④销售异常及时上报店长
10	检查所属区域、员工工作区和办公区的卫生	①每天至少一次 ②仔细检查每一区域、角落及有关公共区域 ③严格按照规章处理
11	与员工及其他部门沟通，听取各方意见	①不定期、随时进行 ②耐心听取、做好记录 ③及时协调解决部门与部门之间的问题 ④及时掌握下属的行为、思想
12	指导各课对排面陈列、货架、布局进行合理调整	①要求按时、按标准及时完成 ②方便顾客、增加销售
13	处理商品的缺货问题	及时与采购协商或出台解决方法
14	制定季节性商品的销售方案	①认真、积极地制定季节性商品销售计划 ②与门店及其他部门保持一致
15	监督、检查各课的经济指标完成情况，给采购提供建设性建议	①态度明确、目标清晰，随时给下属以鼓励、指导 ②一切从公司立场着想，追究不达标者责任 ③气氛友好，随时进行 ④做到商品组合合理及主力商品供货顺畅
16	各组分析、总结缺货统计表、报损汇总表、滞销商品统计表	①准确分析上周的销售、快讯销售情况，统计退换货商品、畅（滞）销商品、破损商品、缺货商品 ②每周一上午12:00前完成
17	检查库房、库存、商品码放等	①随时进行，及时掌握库存情况 ②追究违规操作者的责任
18	组织检查换档	①换档期前一天下班前完成 ②保证价签、条码、POP牌等的到位及准确性
19	完成上级交办的工作	按时、按要求完成
20	业务协同工作	①防火、防盗、防损；重点检查商品保质期 ②完成上级下达的工作经济指标 ③发现、培养、输送人才 ④为公司门店创造更大的利润

2. 食品组长

表 3-5-8　食品组长每日工作

序号	工作重点	工作标准
1	组织召开晨会，参加店内例会和其他会议	①准时参加，遵守纪律 ②提出合理建议及存在的问题 ③认真听取他人意见，接受上级指示 ④做会议记录，总结落实会议精神 ⑤总结前一天工作、布置当天工作
2	巡场、检查前一天工作的完成情况，组织员工检查价格标签等	① 9:00 前完成 ②态度认真、仔细，发现问题及时解决
3	组织员工迎宾	正立站姿，创优质的顾客服务形象
4	做新进单品排面陈列	①上货及时，价签、条码及商品品质、类型、保质期等符合要求 ②陈列整齐、美观、亮丽
5	督促员工上报缺货情况，将缺货商品报采购或下紧急订单	①及时掌握缺货信息 ②做到不缺货，商品陈列丰满
6	巡场，查排面，监督、协助员工补货、理货，监督、协助打扫货架、商品卫生及工作区域卫生	①及时处理不正确事宜 ②及时检查价签、条码、POP 牌、保质期、品质、包装是否达标 ③保证排面丰满、整洁、亮丽 ④归位用过的工具、器械 ⑤清理垃圾到指定位置
7	与采购沟通业务事宜	①随时进行，了解对方情况及工作行为和结果，达到每次沟通的目的 ②及时掌握采购新品的情况 ③及时向采购报告缺货情况 ④及时建议对滞销品项的退货
8	完成收货、验货、退货、换货工作	①及时处理各项事务 ②严格按制度流程办理 ③把控商品品质，维护公司利益
9	做好标价签，POP 牌，以及场景布置的检查工作	①严格按制度流程完成，做到价签与商品对应，库存数量准确 ②有效增加卖场气氛 ③促销商品有明显标识
10	组织员工整理库房，查库存、检查核实缺货情况	①让库存得到最有效利用 ②达到规定要求 ③积极、认真进行 ④及时下订单，保障销售
11	督促员工"拾孤"	让员工及时将孤儿商品归位，减少损耗
12	监督、协助员工及时修复破包商品或做报损	①严格依破损商品包装的标准执行 ②有效提高商品周转率，减少损耗
13	巡场，监督、检查员工的日常工作及工作效果，协同下属开展日常工作	①发现问题，并及时解决问题 ②培养员工熟练业务能力及动作规范化 ③掌握下属情况，及时指导下属工作
14	制定快讯端架计划，带领员工进行快讯商品的换档	①按时、合理完成 ②有效实施促销计划，增加销售额 ③及时实施变价、拉排面、端头堆放 ④快讯期结束前一天晚上完成

续表

序号	工作重点	工作标准
15	查销售报表、进行报表分析、制定季节性商品的销售方式、方法	①及时掌握销售情况 ②积极制定季节性商品销售计划 ③与门店及其他部门保持一致
16	培训、激励员工	①提高员工的整体素质 ②经常性不定时间、地点进行 ③让员工最大程度投入工作
17	完成上级交办的工作	按时、按要求完成
18	传达公司政策并落实执行	①组织员工学习通知和文件 ②言传身教带领大家积极行动

3. 食品员工

表 3-5-9　食品员工每日工作

序号	工作重点	工作标准
1	参加早晚例会	①准时参加，遵守纪律 ②提出合理建议及存在的问题
2	检查排面缺货情况，填写缺货记录，报告缺货情况（填写缺货记录单）	①随时检查，及时提货，补充缺少品项 ②准确填写，及时报告
3	补货并及时整理排面	①保证补货及时 ②及时将库存单做更正 ③保证排面丰满，及时将垫板和垃圾归位
4	接收新品、陈列排面	及时将到货新品上架陈列
5	收货、验货、拉货到仓库	①及时处理（上排面、进周转仓）到库货物 ②核对到货商品的数量、质量、规格型号 ③将未上架货物码放到仓库固定位置
6	整理排面，拉齐排面，打扫货架和商品卫生	①保证排面美观、整齐、无缺，将商品亮丽的一面面对顾客 ②达到卫生要求
7	检查、整理条码、价签、POP 牌，检查保质期	①价签、条码与商品一一对应 ②及时将上期 DM 商品恢复原状 ③按规定陈列价签，将 POP 牌挂在正确的位置 ④先进先出、保证商品保质期安全
8	申请、领取价签，申请 POP 牌	①做到价签与商品一一对应 ②DM 商品标示明确，方便顾客购物
9	上报畅销、滞销商品情况	及时反馈畅销、滞销商品的信息
10	整理退换货及破损商品，将残缺商品装箱、报损（填写报损单）	①将完好商品上架或重新包装后上架 ②及时处理残缺商品，做到商品质量及库存准确
11	查库存、整理库存、盘点	商品按一定的库存量储备
12	退货、换货（填写退货单、换货单）	陈列商品均是顾客所需商品
13	拾、领孤儿商品	将孤儿商品及时归位，减少商品损坏
14	监督促销人员工作纪律	同店面工作人员一致
15	完成上级交代的其他工作	按时、按要求完成

六、店内柜组岗位

1. 柜组长

负责本部门人员的考核、考勤管理；检查本部门商品陈列、补货、卫生状况、标价签、POP 牌及商品状态；负责本部门商品的接货、验货，以及将单据交由电脑录入、入库并确定；负责本部门淘汰商品、滞销商品、破损商品、过期商品、退货商品的上报。

表 3-5-10　柜组长工作流程

节点	工作内容
营业前	① 检查本部门人员出勤状况 ② 整理地面卫生、商品卫生 ③ 检查并充实堆头、端架、货架商品 ④ 检查保质期、先进先出 ⑤ 检查标签、POP 牌、店内码，汇报市调情况
营业中	① 负责到货商品的验收入库，配货单等各项单据的录入，条码打印 ② 检查缺货情况，及时补货，确定有无商品需调拨，协助解除负库存、保质期等异常问题 ③ 孤儿商品回收，确定原因和解决办法 ④ 检查库存，确定是否需要补货，是否有残次品，滞销品需退换货、降价处理或报损 ⑤ 查看有无顾客破损、偷窃商品
营业后	① 汇总滞销品、残次品、淘汰品、易丢品、缺货市调等各种问题，提交上级主管 ② 安排补货，清理卫生

2. 理货员

表 3-5-11　理货员岗位职责

序号	工作内容
1	负责商品的补货、陈列，使商品充足、排面整齐美观
2	维持卖场商品、陈列设施的清洁，维护商品包装的完整
3	检查商品的标价签、POP 牌、条形码是否正确、完整
4	管理商品的库存及退换货协助处理
5	负责商品的盘点，若差异大，找出原因和应对策略
6	清查、更换变价商品的标签
7	检查商品的保质期
8	负责新进人员的培训及沟通
9	协助顾客大宗购物
10	负责整理、修复破损包装及不良品分拣汇报
11	对顾客的询问应热情回答，并指引商品，提供协助
12	对顾客及员工破损商品、偷吃偷拿商品的现象，应及时报告，及时制止并协助处理
13	整理、收集孤儿商品并分析原因

3. 商管员

表 3-5-12　商管员岗位职责

序号	工作内容
1	负责柜组及人员、商品类别的编码工作
2	负责供应商档案、合同的监督录入和传递工作
3	负责新品的编码、监督、传递、记录工作
4	负责柜组市调后商品售价变动的决定、实施以及进价、售价的变动和传递工作
5	负责商品淘汰信息的传递和记录
6	负责对各门店编码、录入工作的检查
7	每月 5 日前汇报新品状况、旧品淘汰状况及异常价格变动情况等

表 3-5-13　商管员常规工作

工作项目	工作内容
信息数据录入	整理新旧商品信息的变动增减，录入后传递给下一级数据使用部门或人员
编码传递流程	①商品经新品导入会通过 ②将新品导入报单报上一级主管 ③对商品进行编码 ④将新品信息及时传至各分店、计算机
供应商及合同管理	①详细、准确地录入供应商资料，资料不全不予录入 ②供应商合同须有准确的交货天数、结算方式、付款方式等 ③对合同修改补充及时修正，确保计算机结算订单准确无误，做到合同内容不全不予录入
商品信息管理	①负责公司内部价格变动、审核 ②负责新商品编码的及时传递 ③负责淘汰商品编码删除、记录与传递以防止淘汰商品再次录入 ④负责门店商品编码的审核与检查 ⑤负责供应商编码及传递 ⑥负责垃圾数据的处理，以提高数据分析的准确性

七、超市后勤服务岗位

1. 广播员

表 3-5-14　广播员岗位职责

序号	工作内容
1	制定日常广播规范用语及背景音乐规范
2	负责店内广播的播音
3	负责播音设备的维护和保养
4	负责营业前、营业中以及营业结束前的迎送宾词
5	定时播放超市的促销活动和新到产品
6	播放购物须知和退换商品办法

2. 计算机操作人员

表 3-5-15 计算机操作人员岗位职责

序号	工作内容
1	负责将供货商的基本资料准确无误地录入（基本资料包括：供货商基本资料、商品信息资料、合同书）
2	负责条形码的检查及店内条码的生成与打印
3	负责商品的入库，确保数量准确
4	负责商品变价作业、调拨作业、报损作业的计算机录入
5	负责盘点设置、数据录入、盘点盈亏分析及库存调整
6	负责为经理、店长、财务提供各种计算机信息资料
7	负责计算机室的耗材领用、发放及色带的安装
8	计算机房负责收银台管理

3. 保安员

表 3-5-16 保安员岗位职责

序号	工作内容
1	负责超市的防水、防火、防盗、防鼠、防损耗工作
2	负责对超市进出货物的查验、签字
3	负责对顾客购物小票与实物的查验
4	负责员工通道的查验（检查员工是否携带物品，查验废物是否内藏商品，查验出货与票据是否相符）
5	负责对顾客违纪行为的处理（偷窃处理、损坏商品处理）
6	负责对员工偷窃行为的处理
7	如有重大异常行为，应及时向店长汇报

4. 卖场督导

表 3-5-17 卖场督导岗位职责

序号	工作内容
1	严格执行公司各项规章制度和内部管理
2	每日检查本区域内的日常工作，并认真填写各类报表
3	检查导购员仪容仪表，监督并协助导购员做好清洁卫生
4	以身作则，加强区域内导购员的敬业精神，提高其责任心
5	督促导购员自觉遵守各项制度，监督和协同导购员共同完成日常销售工作
6	协助导购员处理客户投诉
7	组织导购员配合公司各种促销活动，保证促销活动执行到位
8	组织导购员学习培训，了解各品牌产品及新品知识，对导购员进行实务辅导
9	将年度任务目标按比例分解量化到每月、每周
10	及时分析各分类、各品牌的销售情况

5. 卖场导购员

表 3-5-18　卖场导购员岗位职责

序号	工作内容
1	严格执行公司各项规章制度和内部管理
2	在卖场与消费者交流，向消费者宣传产品和公司形象
3	积极参与公司组织的各项培训、例会
4	做好卖场海报、POP 牌、产品宣传资料的陈列及安全维护工作，保持样板与助销用品的摆放整齐、清洁和有序
5	保持良好服务心态，创造舒适购物环境，向消费者推介，帮助其正确选择能满足自身需求的商品
6	利用各种销售技巧，营造展厅参与气氛，提高顾客购买愿望，增加展厅的营业额
7	收集客户对产品和公司的意见、建议和期望，妥善处理客户投诉
8	收集竞品的产品、价格和市场活动信息，并及时向督导汇报
9	填写各种销售报表，及时交给督导
10	领导交办的其他工作

6. 卖场客服

表 3-5-19　卖场客服岗位职责

序号	工作内容
1	负责顾客的存、取包工作
2	负责顾客的退换货工作，严格执行退换货流程
3	负责顾客投诉及抱怨处理
4	为顾客开具发票
5	负责集团购买的接待
6	负责本区域的清洁卫生
7	负责失物招领及登记工作
8	负责赠品发放、承办各种卡券

7. 收银员

表 3-5-20　收银员岗位职责

序号	工作内容
1	态度和蔼、积极主动地服务顾客
2	结账快速、正确，不短、超收顾客金额
3	负责清理收银区及设施、设备卫生，整理孤儿商品并告知理货员原因
4	负责整理好条形码字典
5	熟悉店内日常促销及其他经营活动
6	熟悉商品销售单位及价格

第四章

生鲜超市商品管理方法

第一节 生鲜商品管理要求

生鲜商品鲜度管理是生鲜超市管理的核心和生命线。鲜度管理的核心就是"保鲜"。

"保鲜"是指短时间内,保持和延长生鲜商品的新鲜度,以确保生鲜商品的品质,使生鲜商品保质期更长、价值更高,以提供给顾客最新鲜的商品。

一、生鲜品类划分方法

1. 生鲜产品分类

超市对生鲜商品的经营、管理营运、采购和分配的核心都要围绕全店的生鲜品类架构进行。生鲜超市中的生鲜品类,基本可以分为 5 个类别。

图 4-1-1　生鲜超市生鲜商品分类

（1）果蔬组

含蔬菜、水果、散装南北干货、干果、蜜饯、五谷杂粮类商品。

（2）肉品组

鲜猪肉、鲜牛肉、鲜羊肉、鲜禽类、冷冻分割禽类、腌腊制品类商品。

（3）水产组

冷冻水产类、冷藏水产类、鲜活水产类、散装水产干货类商品。

（4）熟食组

面点、熟食、面包。

（5）日配组

蛋类、牛奶类、冷冻冰品类、冷藏食品类商品。

（6）生鲜加工组

豆制品、大众类主食厨房、海鲜现场加工类商品。

2. 生鲜商品价值功能划分

在一个生鲜超市的运营中，需要从整体经营的角度去安排商品品类配置和陈列，有效的商品品类配置能让商品品类之间产生很强的关联性和角色定位，从而互相带动销售。

表 4-1-1　生鲜商品价值功能划分

商品价值分类	商品价值作用	陈列位置	品项
目标品类	超市首要品类 提供稳定、有优势的价值 在本超市商品配置中所占比重较大 直接吸引目标客户	放置在超市最佳陈列位置	肉类、生鲜、蔬菜、快捷加工
常规品类	超市推荐品类 平衡销售额增长及利润获取 满足消费者部分日常需求及基础需求	放置在超市次要但客流量大的位置	牛奶、面包、麦片、酱菜
季节性及偶然性品类	超市重要品类。能提供频繁、有竞争力的价值； 满足消费者季节性和节日期间的需要	放置在主题专区或节假日促销位置	本地风味食品、各类现做腊味、时令水果、节气食物（元宵、粽子等）
便利性品类	超市辅助品类，提供合理价值 提高顺带购买机会 巩固超市一站式购物形象 提高顾客客单价及到店次数	放置在超市剩余位置	啤酒、饮料、冷热熟食

二、判断商品品质的 10 个标准及检测方法

生鲜超市赢利难度很大，必须保证生鲜商品的质量才能保证超市有竞争优势。采购部及管理者必须清楚一个道理：

质量差、不知名、时常做广告而失去价格优势、低档、廉价、包装差、有附加劳动要求、假冒假仿商品，以及其他所有不能给顾客带来好处或增加超市在市场占有份额的商品，都不应该走进生鲜超市。

表 4-1-2　判断商品品质的 10 个标准及检测方法

标准	检测方法
质量	质量好的商品
品牌	该商品是知名商品、信誉可靠的商品
物有所值	与正常市场相比,既能保持价格又能提供优良质量
销量	商品销量很大
价格控制	商品标价具有吸引力
包装	商品包装符合超市要求
潜在劳动	在运营过程中不存在超市要增加的潜在劳动
不是假仿假冒商品	此商品不是假冒或仿制品
自助	商品在无人解说和展示性能的情况下仍能顺利出售
增加市场份额	此商品能够采取各种方法与其他同行商品对抗以增加市场占有份额

三、生鲜品类结构调整的 3 个标准

零售企业的商品每天都在销售,畅销品、常销品和滞销品很容易通过数据观察检验出来。根据这些数据,生鲜超市要经常做品类结构调整。品类结构调整的标准有 3 个。

1. 适合本地消费者需求

消费者口味、消费水平、文化水平、风俗习惯等。

2. 利于不同毛利商品组合达成赢利

形象商品低毛利,普通商品高毛利。应面对不同的顾客需求,提供多种商品选择。并非所有商品都赚钱,应有吸引客流的高流量形象商品,同时以毛利较高的普通商品来平衡绩效。

3. 生鲜商品结构调整

生鲜商品结构调整还要参考商品的价格档次来进行,主要分为三类:低价位、中价位、高价位。

（1）低价位

该类商品应做到市场最便宜并保证品质,一般占销量的 30%。

（2）中价位

该类商品占销量的 50%。

（3）高价位

该类商品占销量的 20%,一般是小分类的高档商品。

生鲜的品类策略是在卖场中延伸的。商品管理的目的就是使推销成为多余。要深刻地了解顾客,

使商品或服务完全满足顾客的需要而形成自助式销售。

四、生鲜超市管理的 3 个要求

1. 要求 1：从人、品、环境做细致护理

表 4-1-3　生鲜超市管理的原则及内容

管理对象	要求	细则
人员	勤快	勤剪指甲、勤理发、勤洗澡、勤换衣服、勤洗手
商品	卫生	无过期变质、无破损外泄、无灰尘油腻
环境	卫生	无积水、无灰尘、无蛛网、无污垢、无虫鼠害
清洁	按程序	一洗、二刷、三冲、四消毒、五保洁

2. 要求 2：控制住自然条件

影响生鲜鲜度的 4 个因素是温度、时间、阳光和卫生。

图 4-1-2　影响生鲜鲜度的 4 个因素

温度和阳光对果蔬的影响是最大的。影响水果与蔬菜鲜度的 3 个因素如下图所示。

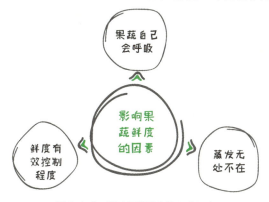

图 4-1-3　影响果蔬鲜度的 3 个因素

3. 要求 3: 做好卫生管理

在一个生鲜超市中，卫生管理是影响生鲜商品鲜度的最关键因素。环境里的细菌滋生是生鲜商品鲜度下降的主要原因之一。生鲜商品保鲜的首要目标是有效抑制细菌滋生，抑制细菌滋生最有效的方法是让生鲜商品处在低温中。

生鲜商品的基本要求是新鲜、丰富、干净。生鲜超市通过新鲜的商品、丰富的品类和干净卫生的环境，获得消费者的青睐。

五、生鲜商品管理的 3 个重点

1. 重点 1: 分品类针对管理

在生鲜保鲜操作中，最大的货品问题容易出在果蔬、水产海鲜、肉类和熟食四个品类中。

2. 重点 2: 生鲜超市管理的 8 个重点领域

生鲜管理难度最大，跨度最大，专业性最强。生鲜超市需要专业的技术和专业的分类作业。专业的管理有 8 个重点领域。

图 4-1-4　生鲜超市管理的 8 个重点领域

3. 重点 3: 严格遵循生鲜科学管控流程

（1）卫生管理严格

一个超市卖场环境好不好，取决于卫生状况和卫生条件。比如地面干净程度、产品干净程度等。生鲜区域必需具备干净、清洁、美观、舒适、商品新鲜、品项齐全、价格合理、种类丰富、安全卫生的运营标准才能吸引顾客的目光，提高顾客的购买欲望。

（2）订货、收货严格准确

生鲜超市的商品保鲜，重要的是要确保货源和品质。

① 控制订货环节。

a. 确保超市营业期间有商品可售。

b. 每日配送商品的数量在订货时要做好明确掌控。

② 控制供应渠道。

a. 严格甄选供应商。

b. 严格收货、验货流程。

③ 做好分类别管理。果蔬、水产海鲜和熟食三类是生鲜保鲜的主要类别。

a. 果蔬类从订货配送等方面调整。

b. 水产主要是活水管理，超市先要解决供氧问题。

c. 熟食方面要确保员工有能力进行二次加工及自加工。

图 4-1-5　生鲜超市订货控制方法

（3）严格执行"先进先出"原则

① 排面先进先出。无明显品质差异的商品，须先进先出，维持商品鲜度。

② 制作商品先进先出。拿取原物料须先进先出。

③ 库存商品先进先出。每次进货须做好库存整理，保证先进先出，不可积压。

（4）科学控制陈列量

表 4-1-4　陈列量的控制要求

序号	工作内容
1	通过时段合适的陈列控制鲜度
2	将销量大的商品做大堆头陈列，以增加顾客购买欲，减少补货频率
3	确定量感陈列误区
4	保证陈列温度及整齐程度
5	反包商品处理，比如，有血水溢出的包装应立即整理
6	品质劣变商品，应及时剔除做二次加工或报废等处理

（5）以温度和湿度为原则做保存与储存

温度与湿度是影响蔬果质量的2大因素。生鲜商品可以通过正确的保鲜方法达到鲜度最佳的销售状态。降低商品损耗，提升商品毛利。

（6）提高商品加工的卫生标准

表 4-1-5　商品加工卫生标准

序号	工作内容及卫生标准
1	生产按食谱卡标准执行
2	所有生鲜员工必须遵守超市生鲜制服着装规定
3	所有商品器具在加工前须做清洁及消毒处理，熟食加工人员（含导购人员）须戴一次性手套，保证商品卫生、清洁
4	加工完成的商品应注明加工日期后放置于冷藏库保存，以防商品变质
5	及时变价处理保证鲜度
6	适时出清处理

（7）培训员工提升保鲜技能

员工的技术能力体现在寻求进货渠道和配送方式的革新上。要对员工进行相应的技能培训和提升，让他们更有效率地应对工作中的各种问题和挑战，提高员工发现问题、解决问题的能力。

六、生鲜商品管理方法与技术

表 4-1-6　生鲜卖场卫生管理总体要求

序号	工作内容和要求
1	经常保持卖场清洁，不得有积水，避免蓄积灰尘
2	随时观察，保证商品质量
3	严格生鲜操作间，如牛羊肉、猪肉销售区域的卫生管理
4	严格水产卖场卫生，如水产、冷冻禽类销售区域
5	操作间内悬挂"禁止吸烟""禁止用餐"标识，以符合卫生标准
6	对生鲜作业人员严格要求着装及仪容仪表，保持良好个人卫生习惯，减少生鲜商品受污染的机会，确保生鲜商品的鲜度与品质

1. 生鲜卖场卫生的 4 个管理方法

（1）方法 1: 严格的卫生管理制度

生鲜超市管理要配合详细的内部标准制度，达到鲜度管控效果。

图 4-1-6　生鲜管理制度的 4 个类别

强调员工主动性和工作态度。管理者需要进行相关的督促，制定合理有效的卫生责任制度。只要做好这些，卖场卫生就不是问题。

（2）方法2：严格的卫生管理要求

表 4-1-7　生鲜卖场卫生管理要求

类别	管理要求
个人卫生	身体健康要求、着装要求、洗手要求
储存卫生	冷库的卫生、虫害的防止
操作卫生	积水处理、垃圾处理
销售区域卫生	陈列设备卫生、包装耗材的卫生标准
加工流程卫生	避免交叉感染、生熟分开卫生、刀具处理、砧板的处理、器具的处理、抹布处理

（3）方法3：店内防鼠策略

表 4-1-8　店内防鼠策略

序号	工作内容
1	制定长期有效的、专人负责的灭鼠计划
2	保证建筑物的洞穴、排水系统的管道、排水入口等必须有金属网封堵
3	保证无可供老鼠繁殖、藏身的空纸箱和开封食品箱等
4	保证后仓的食物无散漏，特别是粮食、水果、油、食品残渣等
5	定期检查死角卫生，设置灭鼠网、灭鼠药、灭鼠器、灭鼠胶

（4）方法4：配置有效的卫生管理器物

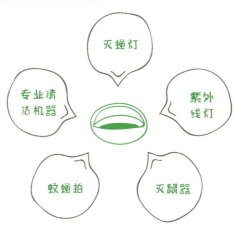

表 4-1-7　生鲜卖场卫生管理器物

2. 生鲜超市常用的 10 大保鲜方法

鲜度是生鲜商品的生命线，卖场在营业时间提供和维持鲜度高的生鲜商品，是生鲜超市必备的能力。超市保持和延长生鲜商品质量，让顾客买着安心，是生鲜超市务必达到的目标，更是留住顾客的最佳方法。店内生鲜商品的保鲜方法主要有 10 种。需要注意的是，低温与湿度管理的温度要求是 0～5℃，冷冻库冷冻的温度要求是 -40～-18℃。

表 4-1-9　生鲜超市常用 10 大保鲜方法

方法	细则
低温与湿度	防止蔬菜的散热作用，抑制呼吸量
冰冷水处理	利用冰冷水及碎冰覆盖于生鲜商品上
冰盐水处理	提供一个盐浓度为 3.5%、加上碎冰、使水温降至 0℃的处理环境
强风预冷设备	利用强风预冷设备，使呼吸在未达到高度时下降，保持叶面翠绿
冷藏苏生	苏生库房的环境温度为 3～5℃，湿度为 90%～95%
保鲜膜包装	抑制水分蒸发，防止失水、皱缩；抑制呼吸作用，防止呼吸热的无谓消耗
冷藏库冷藏	将生鲜商品保持在 0～5℃的低温条件下保鲜
冷冻库冷冻	将生鲜商品保持在 -40～-18℃的冻温条件下冷冻
清洁卫生条件	保持作业场地、设备、处理切割刀具的清洁
冷藏、冷冻运输设备	防止因长时间的运送而产生的鲜度减退问题，是极重要的鲜度管理方法。运送过程中，温度过高、风吹、无冷藏、冷库、退温等情况均须防止

3. 各类生鲜商品保存要求

表 4-1-10　各类生鲜商品保存要求

品名	温度 /℃	湿度 /%	保存时间	品名	温度 /℃	湿度 /%	保存时间
苹果类	0～4	90	2～6月	葡萄类	0～4	90-95	1～2周
梨类	0～4	90～95	2～4周	草莓	0～4	90-95	3～5天
橙类	4～6	85～90	3～8周	猕猴桃	0～4	98～100	1～2周
柑橘类	11～12	90～95	3～9周	荔枝	温室	85～90	2周
西柚/柠檬	6～10	85～90	1～4月	龙眼	温室	85～90	7～10天
桃子	0～4	90	2～4周	香蕉类	12～15	85～90	2～3周
李子类	0～4	90～95	3～4周	芒果类	5～12	85～90	2～3周
樱桃类	0～4	90～95	2～3周	杨梅类	0～4	90	3～5天
石榴	0～4	90～95	2～3周	瓜类	12～15	80～98	2～3周
柿子	0～4	90～95	2～4周	椰青	0～4	90	3～4周
热带水果	温室	85～90	5～7天	火龙果	0～4	90～95	2～3周

七、生鲜商品加工管理方法

1. 生鲜加工间管理

（1）明确考核指标

生鲜加工间必须保证商品的品质、品相及鲜度。生鲜加工间管理的考核指标有 5 个：加工品种、花色、销量、毛利率、毛利额。

（2）确定零售价

生鲜商品加工实行市场否决成本法，使消费者真正享受到超值购物，以扩大销售。

加工间采用进价核算，卖场可与加工间进行内部调拨，双方协定零售价。

生鲜加工间实行毛利考核，因此有权对原料的价格和质量提出建议，对价格不符合市场最低价的原料，有权拒收。

（3）盘点、平衡与质量管理

① 盘点。为监督产出成品的成本真实，超市须加强对加工间原料的盘点和抽点工作。

② 平衡。加工间日终做出调拨单、盘点表、实库存，生产成本数与库存原料数要保证基本平衡。

③ 质量管理。卖场新发生的变质商品，由生鲜加工间负责，冲减毛利；卖场人员不执行日检制度，造成商品无法重新加工的，由柜组承担损耗。

2. 生鲜加工标准化管理

表 4-1-11　生鲜加工标准化管理

序号	工作内容
1	生产过程标准化
2	生产配方标准化
3	生产过程遵循清洁标准，注意安全操作
4	生产工具设备性能良好，随时可以使用
5	生产过程强调质量，质量是衡量生产效果的重要指标
6	执行生产计划，生产数量与销售数量相匹配，生产行为与销售行为相协调
7	生产人员训练有素，经验丰富，劳动效率高

3. 生鲜食品加工卫生要求

表 4-1-12　生鲜食品加工卫生要求

项目	要求内容
原料	原料必须是高质量的，经过筛选和检查的
设备	工具和设备分部门管理，明确责任，保证正常运转
生产加工	符合配方标准、安全标准、卫生标准、产销相符的标准
人力	合理安排班次，提高劳动效率，人力和生产任务相配合
包装	建立标准化包装，使包装符合卫生标准

4. 生鲜加工设备操作规范

表 4-1-13　生鲜加工设备操作规范

序号	规范内容
1	员工必须经过岗位培训，才能操作生鲜设备
2	生鲜设备的操作要严格按照正确的程序，严禁违规操作
3	设置生鲜设备的维修、保养、清洁、检查流程
4	生鲜设备必须符合食品卫生加工的要求，含状态、清洁剂种类、清洁用品的使用等

5. 生鲜食品加工卫生

表 4-1-14　生鲜食品加工卫生要求

序号	工作内容
1	加工处理必须符合卫生标准，防止食品的感染和污染
2	食品原料自身的品质好，无病毒、细菌感染和污染
3	食品原料的运送过程无污染
4	食品储藏的过程无污染、感染
5	食品加工的过程无污染、感染
6	正确的加工方法（正确的加工温度和加工流程，避免交叉感染）
7	部门设立生鲜食品卫生处理危险因素表、检查表

八、生鲜商品流转管理

超市生鲜商品要保持新鲜度，就必须严格控制 7 个核心运转流程，即新品导入，接货验收，补货上架，内部调拨，商品变价管理，果蔬出清管理，日班质量管理。

1. 新品导入

生鲜超市采购员需要定期、定量导入新品。

新品导入前，采购员需要将商品的毛利率、市场竞争力、进退货条件、广告促销、赞助等方面先行审核，确保新品导入时的质量。

2. 接货验收

新品导入须有全面、准确的各项资料，包括：供应商的基本资料、新品导入报告单、商品特色、商品使用或食用说明、厂商报价单、各种许可证等。

3. 补货上架

对生鲜商品来说,加强鲜度管理是第一位的。补货应采取三段式补货陈列:早晨开店,陈列全部品项,数量为当日预计销售的 40%;中午再补充 30% 的陈列量;下午再补充 30% 的陈列量。

4. 内部调拨

内部调拨是指店与柜组间的商品转移,流程是:

由调出部门填写商品调拨单(品名、编码、数量、金额),经由店长审批通过,并由录入人员签字,将其中一联转交财务部作账务处理;采购部有调货权,柜组应无条件服从;调入部门将凭证传递给电脑室录入并做库存变动,如需要货品离店,需经由超市安保人员检查签字确认后出门。

5. 商品变价管理

商品变价分为进价的变化和售价的变化。一般由营业部门在市调基础上向采购及运营部门提请售价建议。不管何种变价必须填写变价类工作单以保证规范,并制定变价流程,保证变价时各个部门都确认和知晓,统一销售和收银系统。

6. 果蔬出清管理

果蔬出清的时间,应该视品质的好坏而定,如品质不好可随时出清,不必一定要在晚上。

(1)即时出清

商品品质有异而顾客多时,应即时出清,出清后可以再补新货,增加销量;随时整理排面,过滤品质,及时利用面销出清少量不良品。

(2)晚间出清

利用傍晚来客数的高峰集中出清白天挑出的不良品。

顾客多时即做出清动作,不要等顾客少时再出清,以免出清不完,第二天品质更差。

7. 日班质量管理

门店生鲜每日例行工作。早班、中班及闭店前都要建立适合本店的鲜度管理制度。

第二节 生鲜商品分类保鲜管理

生鲜超市鲜度管理是第一位的,鲜度管理不是一个环节的管理,而是生鲜商品从进入超市到销售完成的全过程管理。以肉制品为例,其鲜度管理就要涉及三个环节的管理:① 商品自身的鲜度管理;② 销售环节的鲜度管理;③ 卫生管理环节的鲜度管理。

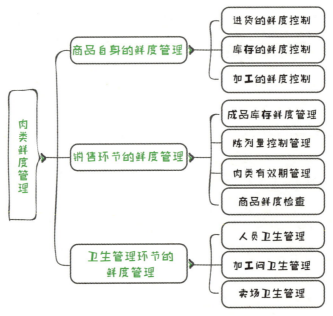

图 4-2-1　生鲜超市肉类的鲜度管理

一、果蔬鲜度管理

1. 果蔬分类标准

（1）按食用部位分类

叶菜类、豆荚类、瓜类、茄果类、根茎类、笋类、菌类、水生类、葱蒜类以及其他类。

（2）按果实分类

核果类、仁果类、浆果类、柑橘类、聚复果类、荔枝类、瓜类、坚果类等。

2. 果蔬毛利设置

据行业内测试，果蔬的毛利一般为8%～15%。蔬菜整体价格须保持在比竞争对手更低的水平，个别销量较大的品种价格要保持低价，以建立生鲜的平价形象；如果是进口或较贵的水果，整体价格则可保持与竞争对手持平或略高的水平。

3. 果蔬保鲜原则

果蔬商品最大的特点是随季节、天气、进价的变化，品质也会发生变化。果蔬保鲜的处理原则是，一定要快，否则只能带来损耗。

（1）短、平、快

① 短：周转周期短，即保证商品新鲜。
② 平：价格低廉，即要经常有轰动性低价出现。
③ 快：反应要快，不延误果蔬的最佳保鲜期。

（2）执行"先进先出"原则

生鲜商品收货时务必要遵循"先进先出"原则，尽快送入冷藏库降温保鲜，不需要送入冷藏库的要打开外包装散热降温。

（3）依据果蔬质性原则

不同果蔬有不同的保鲜要求。

首先，果蔬进店要做好物理保鲜。如，整理清楚，需要放在卡板上，不能靠墙；需要做到轻拿轻放等。

其次，员工要熟悉果蔬商品质性。

做好生鲜保鲜，要熟悉不同果蔬的质性。比如，蒸发作用最显著的是叶菜类蔬菜，其次是茎菜类、块根类、地下茎类、球根类。

表 4-2-1　果蔬蒸发特性

蒸发特性	水果	蔬菜
随着温度下降，蒸发显著减弱	柿子、橘子、苹果、梨	芹菜、龙须菜、茄子、黄瓜、菠菜
随着温度下降，蒸发有所减弱	枇杷、栗子、桃、葡萄	萝卜、菜花、西红柿、云豆、莴苣
无论温度如何，蒸发都很显著	草莓、樱桃	土豆、地瓜、洋葱、南瓜、卷心菜

4. 果蔬保鲜方法

果蔬商品保鲜有 5 个方法：

① 合理的订货量；② 做好质检工作；③ 鲜度管理要科学；④ 尾货和大量库存要及时处理；⑤ 少量商品的再加工程序。

5. 常用调味类蔬菜的保鲜措施

表 4-2-2　常用调味类蔬菜的保鲜措施

时间点	措施	适用蔬菜种类
入店前	分筐散热法	椒类、葱、蒜、芹菜 气温较高时，也适用于洋葱
销售中保鲜	常温保鲜法	生姜、洋葱、蒜头
	冰水保鲜法	葱、青蒜、芹菜、莲藕、藜蒿

除生姜、洋葱、蒜头外，其他商品最好都送入保鲜库或采用冰水保鲜法。

6. 果蔬保鲜常用处理技术

果蔬保鲜的处理方法有 6 种：冰冷水处理法、冷盐水处理法、复活处理法、直接冷藏法、散热处理法和常温保管法。

（1）冰冷水处理法

适合呼吸量较大的玉米、毛豆、莴苣等商品。

方法是商品在产地须先预冷，装入纸箱，再运输至卖场。经过预冷的果蔬送到卖场时其温度会升到 15℃；不经预冷的，温度会升到 40℃，而使果蔬鲜度迅速下降。

（2）冷盐水处理法

此法适合叶菜类商品。将其放入冷盐水槽中的处理时间不要过长，以防止盐分所引起的伤害。

（3）复活处理法

葱、大白菜及叶菜类等可用此法处理，能使其适时地补充水分，重新复活起来。

（4）直接冷藏法

水果、小菜、加工菜类等可用此法处理。此类商品大都已由厂商处理过，在销售前，仅需包装或贴标签即可送到卖场销售。此类商品可直接放进冷藏库中。

（5）散热处理法

木瓜、芒果、香蕉、凤梨、哈密瓜等水果可用此法处理。此类商品在密闭纸箱中，经过长时间的运输，温度会急速上升，此时要尽快进行降温处理，即打开纸箱，给予充分散热，再以常温保管。

（6）常温保管法

南瓜、马铃薯、芋头、牛蒡等类商品可用此法处理。此类商品不需冷藏，只要放在常温、通风良好的地方即可。

7. 其他鲜度管理方法

表 4-2-3　其他鲜度管理方法

管理方法	操作要点
果蔬降温	进货果蔬要尽早降温，避免急剧的温度变化
洒水降温	温度太高的果蔬不要马上放入冰冷水中，以免产生太大冲击，损伤果蔬，可先洒些水，使果蔬降温后再放入冰冷水中
摆放方式	叶菜类果蔬要直立摆放，有切口的蔬菜，切口应朝下
设立苏生库	苏生库能给予果蔬低温及水分，理想的苏生库温度是 5oC，湿度为 95%。苏生库内不使用纸箱，因为纸会吸收水分，使纸箱变软不易重叠堆放，容易倒塌，最好是使用硬质容器
避免冷风直吹果蔬	冷风直吹使果蔬失去水分而枯萎。为保持苏生库内的湿度，防止商品失去水分，可在容器上覆盖吸水性良好的麻制厚布，也可用湿报纸

二、水产鲜度管理

1. 水产保鲜员工的 3 个要求

水产保鲜，除了物理和技术等方法，值班员工自身的细致、周到、勤快也是重要的保鲜要求。

（1）眼到

通过观察水质的颜色判断水的清洁度；通过观察鱼的外观、游动的力度、眼睛的明亮程度，判断鱼的状态以便及时采取措施。

（2）鼻到

闻水的气味判断水质的污染程度。

（3）手到

用手触摸鱼身，判断鱼的状态；用手触摸池水，判断水温的适宜度。

2. 活鲜保鲜自然条件的 4 个要求

活鲜商品的关键是"活",对生长环境要求极高,这样才能保持活鲜商品的活度和质量。活鲜保鲜管理主要有 4 个要求,如下图所示。

图 4-2-2　活鲜保鲜自然条件的 4 个要求

3. 水产库存要求

对于水产库存,有 5 个要求:

① 对库存的存放方式有严格要求;② 商品摆放必须隔墙离地;③ 新旧货品必须分开存放,便于"先进先出";④ 筐装商品与泡沫箱装商品的叠放高度不可高于 3 层;⑤ 冷风机附近的商品,其堆放高度须控制在出风口下方 30 厘米左右。

4. 水产保鲜冰冻的 3 个方法

（1）敷冰保鲜法

常温,泡沫箱;把鱼体清洗干净,将冰片或冰粒按一定比例与鱼混放（一层冰一层鱼,薄冰薄鱼）,以降低鱼体温度达到保鲜效果。

（2）冷藏保鲜法

冷藏库,温度 5℃左右,湿度 80%。使用泡沫箱或保鲜筐,商品表面加冰片或者冰（盐）水。

（3）冷冻保鲜法

冻库,温度低于 -18℃。鱼类冻品需放在冻库铁架上。

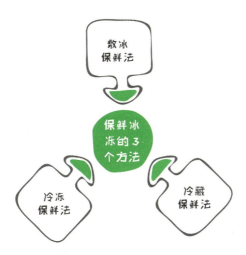

图 4-2-3 水产保鲜冰冻的 3 个方法

三、肉类鲜度管理

1. 肉类保鲜管理

当肉类商品的蛋白质、脂肪腐败分解时,表面会出现黏液,色泽变差,甚至产生难闻气味,失去食用价值,说明肉类商品保鲜失败。

2. 肉类保鲜储藏的 3 个方法

表 4-2-4　肉类保鲜储藏 3 个方法

储藏方法	要求标准
低温储藏法	①用冷藏方式存放原料、半成品、成品 ②遵守肉制品温度控制要求 　a. 冷冻肉储藏温度控制在 -18℃以下 　b. 冷藏肉储藏温度控制在 -1 ~ 3.5℃ 　c. 分割处理室温度控制在 -4 ~ 3℃,湿度控制在 90%左右;对易坏冷藏禽肉制品,需在包装箱内撒冰片以降低温度 ③商品收货后迅速入冷库,尽量缩短暴露在常温下的时间 ④保持有良好的通风设施,保证新鲜空气流通 ⑤展示陈列柜温度控制在 -1 ~ 2℃ ⑥运输肉类制品的送货车应为冷藏车,温度维持在 2℃左右
冷盐水处理法	①用 0.8%、0℃的冷盐水对内脏、肉制品做短时间浸泡、洗涤,降低肉制品温度,使其表面温度与中心温度达到一致 ②用流动盐水将肉制品表面的细菌洗净,对肉制品的消毒保鲜有利
减少细菌源法	①做好运输车辆容器、储藏冷库、加工间、设备、人员和工具的卫生管理及消毒工作,减少细菌污染源 ②将已污染肉制品的表面剔除,包括肉屑、脂肪屑等杂料,减少对肉制品的污染 ③避免交叉感染。猪、牛、羊及家禽类的储藏、处理要分开,包括刀具、砧板、加工机器要分开使用,在不同处理程序开始前进行清洁消毒

四、熟食鲜度管理

熟食鲜度管理的要点有4个：
① 卖场、容器、操作员、刀具等的清洁卫生程度；
② 商品覆盖程度，比如加盖、打包；
③ 保持商品真空。
④ 保证熟食商品的降温、控温，特别是炸制品、热柜、卤制品需要的温度要清晰明确。

图 4-2-4　熟食鲜度管理的4个要点

生鲜超市的熟食经过二次加工，保存期限相对变短，保持新鲜度要求更高。尤其需要做好进场日期监控，对进卖场的商品尽快做低温贮存，每日商品保证售完或叫卖出清。

1. 分类存放、先进先出原则

熟食品与半成品、原料分开存放，避免熟食品受污染。

新鲜刚到店的商品进仓库后要标明日期，保证做到先进先出。即：检查前日保质期内的熟食是否有剩余，前日商品优先陈列。

保质期较短的熟食前排陈列。尽量做到卖多少进多少，自制类熟食商品做到"少量多次"。

2. 严格规划冷藏手段

冷藏或冷冻贮存熟食原料品或未加工商品时，须封好盖，避免风化造成鲜度降低。
熟食的半成品或成品冷藏时用保鲜膜密封，防止干燥变味。
按熟食要求温度控制陈列柜温。如，面包陈列热柜温度为60℃，冷藏柜正常温度为0~5℃。

3. 定时试吃

超市管理人员定时试吃品尝商品，销售人员贩卖商品时，定时试吃所卖商品，正常情况下每2~3小时检查一次熟食。

第三节
生鲜商品品类陈列规范

管理好生鲜商品,关键要了解生鲜商品的特点:

①生鲜商品多为民生必需品,价格敏感度高;

②生鲜商品中的初级农产品,商品规格不明确,标准化程度很低;

③生鲜现场加工品(如熟食、面点、烘焙等),对卫生、安全、品质、口味的要求很高;

④生鲜超市经营品类繁多,且受季节、气候、产地、工艺、储运条件、陈列包装等客观条件影响大,对经营专业度要求很高。

生鲜商品品类结构规划不能凭空想象,决定陈列结构的因素是客类结构。客类结构的主体是人,品类结构的主体是商品。生鲜超市的商品品类要围绕消费群体配备。

在生鲜超市中,做好品类管理能保持企业竞争力。实施品类管理发挥生鲜赢利功能,做好生鲜品类结构,对生鲜超市具有前瞻性意义。

一、生鲜商品陈列管理

1. 生鲜商品陈列目标

生鲜商品所具备的基本色彩是生鲜超市热烈红火气氛的制造者。它能营造整体门店商品的新鲜、热情、活泼的气氛和季节变化的量感。

（1）体现季节感

超市陈列,要利用生鲜商品丰富的色彩和形态,陈列起来展示商品的新鲜感,根据季节性商品组合,做到商品齐全、分类清楚、量感陈列,最大程度呈现出商品的特性。

（2）刺激消费者的购买欲

利用陈列方式将性质、功能相同或相近的商品陈列在同处,从而刺激消费,简化顾客对商品质量和价格的比较程序，易于销售。

根据季节或 DM 安排每一种商品的合理空间排面，以达到最高坪效的要求。

2. 商品陈列管理的 4 个要求

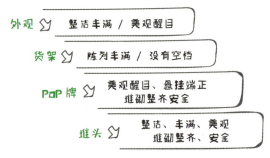

图 4-3-1　商品陈列管理的 4 个要求

3. 陈列的重点位置

（1）端架

确定生鲜超市每个端架可陈列的商品数量；端架所陈列的所有商品须保持关联性；端架要做出基本的商品组合陈列，做到无关联商品不陈列在同一端架内。

图 4-3-2　商品端架陈列管理的 3 个要求

（2）堆头

确定每个堆头所陈列商品的数量。堆头陈列要有量感、丰满，以促进顾客的购物欲望，增加随机消费。

堆头应合理分配，充分照顾 5 个诉求：价格诉求、季节诉求、新上市诉求、媒体大量宣传诉求、节庆诉求。

在满足以上五大诉求的基础上，同等商品中可对提供堆头费的商家商品优先陈列。

4. 生鲜卖场特殊区域陈列管理

生鲜超市卖场里有一些位置比较特殊，其商品陈列的要求也会有所变化。

图 4-3-3 生鲜卖场特殊区域陈列管理

二、生鲜商品上架前管理

卖场陈列管理的一个重要环节就是商品上架前的检查和管理。管理检查的环节分为 5 个部分：商品检查、计量单位简化、卫生清洁、商品促销计划、随机调整。

图 4-3-4 商品上架前的管理检查环节

1. 商品检查

检查商品编码、PLU 码、电子秤售价是否对应统一；POP 牌、标价签是否明确标明；品名、产地、售价及销售单位是否准确。

2. 计量单位简化

尽量简化商品上架作业程序，以"个""盒""只"为销售单位，减少称重比率，缩短顾客排队时间。

3. 卫生清洁

生鲜商品上架前须经过清洁、整理、分割、组合处理,唯有完全符合售卖标准的商品,方可陈列销售。

4. 商品促销计划

上架商品,除正常的 DM 促销外,门店还需做机动性促销活动,比如试吃、叫卖、限时抢购等,增加消费者的关注机会,提高商品的销售概率,营造卖场活泼气氛。

5. 随机调整

随时注意气温及气候的变化,适时调整商品的陈列、售价和促销方案。

三、生鲜商品陈列的 4 个标准

1. 标准 1: 新鲜感

商品陈列应保证其质感,使陈列具有创新和新鲜感。

2. 标准 2: 量感

货架丰满有序,以达到销售目的。

3. 标准 3: 卫生感

高质量的生鲜商品卫生,可以给顾客一种可靠的感觉,卫生情况也能反映出生鲜区的管理水平。卖场的陈列设备、工作台、陈列器具、包装物要保证卫生程度。

陈列区环境,比如地面、墙面的商品要保证陈列整洁。

4. 标准 4: 充分展示

商品陈列的目的是让商品在货架上充分显示,最大限度引发顾客的购买欲望。实现这点的关键是商品的陈列技术。实现合理、规范的商品陈列,须掌握以下几个要点。

表 4-3-1　生鲜商品陈列细节要求

序号	内容和要点
1	生鲜商品的陈列必须要便于顾客看到、了解、选购
2	要突出生鲜商品的艳丽、新鲜、丰富、干净,使卖场充满量感、美感及活泼感,达到提高顾客购买欲望的目的
3	陈列面要朝向顾客进来的动线设置,并按照商品的包装设计和色彩的变化组合搭配

续表

序号	内容和要点
4	按照不同的分类，陈列时依据商品的色相（调和、对比、对称）陈列季节性商品
5	要大量陈列，呈现出丰富感
6	生鲜商品陈列务必要求稳定，不易掉落，企划搭配要利用灯光、假岛、POP牌、模型、草编、竹编器具等装饰物，制造出新鲜、丰富、活泼生动的销售气氛
7	员工在上货时要严格遵循"先进先出"的原则，推陈出新，保持商品鲜度的持久性
8	商品的POP牌、标价签要清楚正确，——对应
9	对冷藏、冷冻、冰鲜、熟食商品的陈列，要严格按照商品的不同属性，按规定设置陈列温度，充分延长商品的新鲜度

四、生鲜商品陈列的6个原则

商品陈列技术是生鲜超市销售的基本技术，如果运用好会大大提高销售量。据资料表明，正确地运用商品陈列技术，销售量可在原有的基础上提高30%。

1. 原则1：一目了然

表 4-3-2　生鲜陈列一目了然原则

序号	内容和要点
1	商品品名和贴有价格标签的商品正面面向顾客
2	每一种商品不被其他商品挡住视线
3	进口商品贴有中文标识
4	商品价目牌与商品相对应，位置正确
5	标识填写清楚，产地名称不用简称，以免顾客混淆
6	商品摆放从左到右，标价牌固定在第一件商品下端
7	商品陈列在货架上端稍倾斜，使顾客能看清楚
8	陈列器具、装饰品以及商品POP牌不影响顾客视线和店内照明光线

2. 原则2：容易挑选

表 4-3-3　生鲜陈列容易挑选原则

序号	内容和要点
1	有效地使用色彩、照明
2	注意商品外包装颜色搭配的艺术性
3	对于鲜肉、鲜鱼等生鲜食品柜，灯光选择淡红色，以增加商品的鲜度感
4	对于需要强调的商品，用聚光灯加以特殊照明，突出位置
5	按适当的商品分类进行陈列，不要给顾客混乱的感觉
6	商品陈列的价格牌、商品POP牌摆放正确
7	明确显示商品的价格、规格、产地、用途等
8	特价陈列要明确与原价的区别之处
9	同类商品的花样、颜色、尺寸不同

3. 原则 3: 便于取放

货架上陈列的商品与上隔板之间应有一段距离,以手能伸进去为宜;不把商品放在顾客手拿不到的位置。

4. 原则 4: 陈列丰满

表 4-3-4　生鲜陈列丰满原则

序号	内容和要点
1	货架每一格至少陈列 3 个左右的品种,畅销商品陈列可少于 3 个品种,以保证量感
2	按每平方米计算,平均要达到 11~12 个品种的陈列量
3	当畅销商品暂时缺货时,可采用销售频率高的商品来临时填补空缺商品的位置
4	货架上商品品种要丰富

5. 原则 5: 整齐清洁

表 4-3-5　生鲜陈列整齐清洁原则

序号	内容和要点
1	随时保持货架干净整齐
2	陈列商品清洁、干净,没有破损、污物、灰尘
3	生鲜食品,内在质量及外部包装要求严格符合标准
4	不合格商品应及时从货架上撤下

6. 原则 6: 保持新鲜感

采用多种不同商品陈列方法,并定期变化,增强店内商品的新鲜感、变化感。

图 4-3-5　生鲜商品陈列的 6 个原则

五、生鲜品类陈列的 5 个规范

对生鲜超市来说，容易查找、便于查看、方便选购、触手可及的四大原则同样适用于生鲜品类的陈列，正确的商品品类陈列规范，可以很好地提高卖场效益。生鲜品类有熟食、果蔬、肉类、活鲜及面包等。

图 4-3-6　生鲜品类陈列规范

1. 熟食陈列规范

表 4-3-6　熟食陈列规范

序号	内容和要点
1	整齐、美观、大方，货架在销售高峰时保持丰满
2	标价签、价格牌的内容与商品保持对应
3	同种商品尽量避免多处陈列，特价促销商品可多处陈列，且保证与标价签、价格牌对应
4	同一大类商品归类、相邻陈列，进行颜色搭配
5	特价促销商品有 POP 牌、特价标识，位置突出，堆头陈列，可以试吃
6	破损、变质、腐烂、过期的商品须及时撤离货架
7	在人流较少时可以减少商品的陈列面与陈列数量
8	高档易损耗且销量不大的商品可采取假底陈列
9	打包商品要求保鲜碟规格统一，标价签统一贴于保鲜碟横向右上角处
10	严格遵循"先进先出"原则

2. 果蔬陈列规范

表 4-3-7　果蔬陈列规范

序号	内容和要点
1	所有单品陈列必须是"侧正面"整齐排列，把其颜色最漂亮的一面统一朝向顾客
2	蔬菜：叶菜部分是根部朝下、叶部朝上；果菜部分是头部（根蒂部）朝上、尾部朝下
3	要求一个商品一纵行梯形陈列，根据商品进货量确定纵行的宽度
4	货架陈列面与地面有 60° 以上的角度
5	特价促销商品要堆头和大面积陈列，且与 POP 牌等宣传告示相对应
6	新商品和特价促销商品需要做试吃
7	特价促销商品保证一个商品陈列一个堆垛，宽度保证为 1～2 米
8	高档且易损坏的商品须包装后再进行陈列销售，陈列于冷藏保鲜柜中
9	随时注意陈列商品保养，将坏货及时撤离货架

3. 肉类陈列规范

表 4-3-8　肉类陈列规范

序号	内容和要点
1	鲜肉商品以保鲜碟形式打包陈列的，应斜侧立陈列于 0℃冷藏柜中销售
2	以悬挂方式陈列展示
3	禽类与猪、牛、羊等肉类之间须用隔板隔开
4	按顾客行走路线分品类陈列，可依次为汤配、禽类、牛羊肉、猪肉，最后为腊味
5	冻品类、禽类、翅膀、凤爪及内脏等商品，除包装陈列外，还可散装陈列于冰鲜台上

4. 活鲜陈列规范

表 4-3-9　活鲜陈列规范

序号	内容和要点
1	水池的水保持清澈、循环、过滤、打氧，且水里商品应是活的
2	使用旋转式价格牌固定在鱼缸器皿外以标示价格
3	按鱼类特性陈列，如：咸淡水鱼分开，四大家鱼与鲈鱼、桂花鱼、河虾等分开，鲈鱼与河虾分开，活鱼与贝壳类分开，贝壳类分咸淡水等
4	动感化陈列，如将鱼体斜侧立于冰面上，腹部藏于冰里面

5. 面包房陈列规范

表 4-3-10　面包房陈列规范

序号	内容和要点
1	按西式、中式、面包、蛋糕等大类分隔开，集中陈列
2	一个商品一纵行梯形陈列，根据商品生产量确定纵行宽度
3	散装食品应放在较低的陈列位置，且置于有机玻璃的面包罩里
4	特价促销商品用促销车或不锈钢层架，结合 POP 宣传告示陈列
5	不可使用敞开式的陈列方法陈列热卖商品以保证卫生

六、生鲜品类空间位置陈列原则

在商品陈列的空间管理领域，不仅要考虑整体空间陈列，还要对商品空间陈列位置、陈列面位等进行分析和管理。

购物者和零售商对陈列都有各自的需求，前者需要商品易于找到、易于获取，后者需要最大限度减少缺货、将能提高可见度的商品陈列在货架上，提高曝光度。品类空间陈列一是确定适合本店的陈列方法，二是确定品类的货架安排。

图 4-3-7　生鲜品类空间位置陈列

1. 原则 1: 建立目标购物者决策树

传统商品管理模式是基于商品市场属性的。以顾客为核心的品类管理是基于顾客的消费习惯。一个超市的品类陈列能真实反映当地购物者对品类的细分习惯,购物者决策树能帮助制造商和零售商更好地理解品类结构。

购物者决策树是对购物者购买商品的整个过程深入研究后,反映购物者决策过程的序列思维活动。

购物者决策树建立在广泛而深入的市场调研数据基础上,是对购物者消费习惯的深度挖掘。通过购物者决策树,可以明确购物者购物选择的内在逻辑,指导超市管理者建立陈列块状图。

2. 原则 2: 按生鲜品类分配货架

基于跨品类的综合分析,一个生鲜超市的品类角色不同,其货架陈列空间的位置也不同。

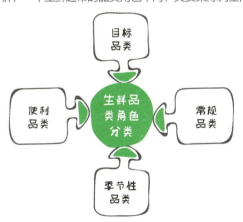

图 4-3-8　生鲜品类角色分类

（1）目标品类

作为首要品类,目标品类是目标顾客选择该零售门店的理由,它需要为生鲜超市提供稳定且有优势的价值。目标品类应陈列在全店位置最佳且客流较大的位置。

（2）常规品类

作为推荐品类，常规品类应提供稳定且有竞争力的价值，提升零售门店对目标顾客的吸引力，应置于相对次佳陈列且客流较大的位置。

（3）季节性品类

作为重要品类，季节性品类要为超市提供频繁且有竞争力的价值，加强零售门店对目标客户的吸引力，根据不同节日或季节的重要性决定。

（4）便利品类

作为辅助品类，便利品类能满足顾客对全品项一站式购物的需求，置于商店的剩余位置。

3. 原则3：按品类逻辑关系确定位置结构

（1）品类位置陈列顺序

根据每个品类的发展策略，把最好的主推商品放在黄金位置。从上至下的陈列依据销量贡献原则，将销量最好的主推商品，放于货架的"黄金线"位置。

（2）依陈列权重确定商品陈列面位

生鲜超市最终的商品陈列，由超市整体商品排列逻辑和陈列面位逻辑决定。

商品的排列逻辑，是指一间超市的商品，既要有主角也有配角。商品间互相搭配，做到既要主角突出，又要结构丰满。

陈列面位是超市根据品类角色和策略制定陈列权重，再据陈列权重分析商品的销售及毛利表现，最终确定出来的商品陈列形式。

由此可见，生鲜超市做商品陈列，步骤顺序为：首先，针对消费者购物计划性强的品类，购物者期望大部分畅销单品都在货架靠前端；其次，针对购物计划性弱的品类，其畅销单品应陈列在货架中段。

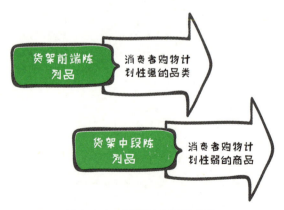

图4-3-9　生鲜超市货品陈列逻辑

4. 原则4：有清晰科学的陈列原则

生鲜超市制作商品陈列图时，应遵循不同的商品陈列原则。

一般有以下基本原则可供参考：显而易见、伸手可取、丰满美观、品类关联、外低内高、上小下大、前置陈列。

图 4-3-10　生鲜商品陈列图的基本原则

第四节
生鲜损耗控制及防损管理

对生鲜损耗的控制管理来说，过程大于结果。原因是生鲜损耗产生于生鲜经营的各个环节，管理好每个环节，才能有效降低损耗。

生鲜超市要赚钱，"省"才是最重要的，这里的"省"指损耗控制。

一、损耗产生的类别

生鲜损耗主要包括3个方面：品质损耗、物理损耗、经营损耗。

（1）品质损耗

指由于生鲜商品自身的新陈代谢所造成的损耗。比如，早晨的蔬菜如果暴露在卖场中，到了晚上就会干瘪、枯黄、腐烂，这就是品质损耗。

（2）物理损耗

指因人工打理或顾客翻弄而造成的生鲜损耗。

（3）经营损耗

由于不能按正常价格销售而打折处理所造成的折价损失。

在生鲜商品的损耗控制中，如果能够合理处理好这三种损耗，生鲜超市就有可能将损耗幅度整体控制在3%左右。

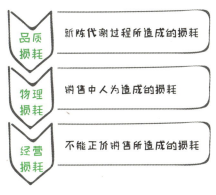

图 4-4-1　生鲜损耗的 3 个方面

二、生鲜损耗常见的 7 类原因

1. 原因 1: 生产责任

主要由生产质量达不到标准、工作疏忽造成损坏、食品卫生问题、设备保养和使用不当等原因造成。

2. 原因 2: 流程管理

主要表现为超市管理能力和方法的不适宜、存在漏洞。比如，变价商品没有正确处理、店内转移商品没有登记、盘点误差订货不准或过量、员工班次调整交接出现纰漏。

3. 原因 3: 仓库管理

主要表现为：有效期管理不当、仓管原料和商品保存不当而变质、设备故障导致变质破损、索赔商品管理不当等。

4. 原因 4: 卖场管理

主要表现为：标价错误、顾客索赔退换损失。

5. 原因 5: 偷窃偷用

（1）顾客偷窃

生鲜超市中的顾客偷窃，其表现往往是直接拿取商品而不结账。主要形式是随身夹带、皮包夹带、购物袋夹带、换标签、换包装盒、偷吃偷喝等。

顾客偷窃的防范措施如下表所示。

表 4-4-1 顾客偷窃的防范措施

序号	防范措施
1	禁止顾客携带大型背包或手袋进入卖场，请其存包
2	携带小包或店内包装袋进入卖场，应注意其购买行为
3	定期对员工进行防盗教育和训练
4	加强卖场巡视，尤其注意死角和多人聚集之处
5	注意防止顾客由入口处出卖场
6	如果顾客边走边吃东西，则应口头提醒，并带其到收银台结账
7	如果有团体客人结伴入店，则店员应随时注意，有可疑情况可主动上前服务
8	店内码（条码纸）要妥善保管，以免被人利用，高价低标

（2）超市内部易发生偷窃的场所

易发生偷窃的场所要重点防范，包括看不见的死角等 5 种方位。

图 4-4-2　超市内部场所易失窃的 5 种方位

（3）厂商或内部工作人员偷窃

厂商或内部工作人员随身夹带、随同退货夹带、相互勾结实施偷窃等。

6. 原因 6: 意外事件

意外事件主要有自然事件和人为事件 2 类。

① 自然事件：水灾、火灾、停电等。

② 人为事件：抢劫、偷窃（夜间）、诈骗等。

对意外事件引发的损耗，需要采取严格的防止措施，如防水、防火、防盗、防停电、防虫蛀鼠咬，并加强检查。

7. 原因 7: 生鲜技术处理不当

包括加工过程中的原材料浪费，商品鲜度管理不当造成的损耗，未做好加工处理等。

三、生鲜损耗的环节分析与管控

经营中保持供、存、产、销之间的动态平衡是生鲜商品经营管理的关键。生鲜超市损耗需要通过以下 5 个关键环节进行控制。

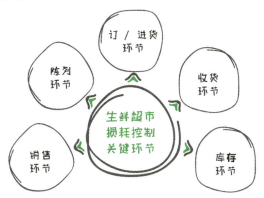

图 4-4-3　生鲜超市损耗控制关键环节

1. 环节 1: 订 / 进货环节控制

防损控制的第一个环节是订货。订货是防损控制的源头，是损耗产生的源头，准确的订货是生鲜损耗控制的基本措施。订货管理控制，要以销售为参考，又要结合季节、天气、节假日、商品品质、商品生命周期、市场价格、对手是否促销等多方面因素来预估订货。

2. 环节 2: 收货环节控制

收货是商场数据来源的基础，是损耗控制的基础之一，收货环节把握不好，会导致破坏销售，自然损耗控制不住。生鲜收货环节有三个控制点：质量、数量及价格。

图 4-4-4　收货环节防损控制点

生鲜商品是按质论价，且产品标准无法标准化。为了把握生鲜商品收货质量，不仅要对每种商品的质量标准做出明确的文字描述，同时，还要辅以样品照片张贴在收货处，以便借鉴。

3. 环节3：库存环节控制

生鲜商品，需要入库保存。收货后20分钟内应尽快入库，放在冷库里的商品要按相关要求与标准整齐摆放，顶部远离灯源，避免温度过高造成商品损耗。

4. 环节4：销售环节控制

遇到商品变价，工作人员称台称重时要注意价格调整，收银时杜绝漏收、少收的情况。孤儿商品需要及时回收，尤其是低温商品，低温商品经过温度变化，特别容易变质。

5. 环节5：陈列环节控制

生鲜商品收货后，有很多不能直接上架陈列出样。收货后直接送上排面，顾客会把好的产品很快挑走，余下小的、卖相不好的，只能打折或扔掉，增加损耗。

生鲜商品陈列前的分拣、分级、包装过程，本质是控制损耗和产生毛利的过程。收货后，可以做分级陈列，比如收进100千克梨子，挑出最好的20%做一级品卖，挑最差的10%做促销品（三级品），剩下的属于二级品，可通过库存修正实现。

四、3类关键防损制度

生鲜损耗控制涉及面广且复杂，整个店面需要不断总结经验，明确管理重点，以精确的管理技巧和方法达到损耗控制目的。同时，以全员损耗控制意识和高标准管理制度做保证。

制度保证关键有3点：

① 列出相关工作流程，找出生鲜商品耗损管制的关键控制点；
② 制定高标准管理制度和减少各工作环节的执行要求，以降低损耗发生的概率；
③ 不断用专业培训提高员工维护生鲜商品的能力和技巧。

1. 制度1：明确报损

报损制度的流程要非常清晰。

表 4-4-2　生鲜超市报损流程

序号	主要内容
1	报损一月一次
2	柜组长填写报损商品申请单（须注明详细原因）
3	门店汇总报损单，由续订部确认后报营运部门审批
4	审批后送计算机室录入以转交财务
5	财务部依据报损单进行账务处理

2. 制度 2：规定防损的精确方法

生鲜商品的防损方法要借助工作制度执行。

做好商品二次开发工作，即生鲜商品的二次加工和深度开发，将过期卖不掉的商品，提前回收，转到其他生鲜部门去加工成半成品，或者作为其他促销赠品，这方面转化品种较多，毛利较大。例如：水果可转制为果盘、果汁。

3. 制度 3：加强人员作业培训

在实际工作中，相当一部分商品保管、处置不当的损失是员工对所经营的商品缺乏基本了解所致，这方面的业务培训却常被忽视，这对初创生鲜超市经营的企业尤为重要。

生鲜超市的经验是，生鲜人员专业培训投入与损耗发生明显成反比，人员作业专业培训对减少损耗的作用不可忽视。

生鲜超市人员作业培训的主要内容有 2 个方面：

① 生鲜相关操作规程及管理规范的培训、示范和演练；

② 加强员工对生鲜商品属性和管理的认识，提高员工商品认知水平。

表 4-4-3　生鲜防损措施 12 法

类型	防损措施
订货	①严格以销订货；采用每日分批订货和分批送货方式 ②每日各生鲜部门组长结合日销售情况填写订货单
收货	①加强验货程序 ②加强供应商进出收货口管理检查 ③加强监管、监督，至少 3 人监督收货
单据	①收货时严格做到单货一致 ②内部转货的货号、数量严格与实际相符 ③多次核查录入的结果
储存	①定时、定人检查冷库的温度，及时保修 ②堆积必须考虑商品的承受力 ③严格遵循正确的程序；控制进货量、储存量
加工	①标准化配方作业；加强员工调理技能训练 ②保持清洁卫生，保证商品不受污染；包装标准化
陈列	①及时挑选商品，或做退货处理 ②正确、合适的陈列方法 ③检查冷柜的温度、冷气口是否正常
变价	①变价及时 ②核查价格标牌与电脑价格、广告价格是否一致 ③登记降价幅度，评估降价效果及对总毛利的影响
补货	①小心轻放 ②及时补货
理货	①小心轻放 ②专人及时收回散货，出售前进行质检

续表

类型	防损措施
销售	①熟记电子秤代码，正确计价；校核磅秤 ②包装损坏商品及时收回，补包装、重包装或退换货 ③尽量满足商品陈列的要求，如温度等
盘点	①提高人员素质，加强复核 ②规范数字写法，逐一登录 ③核实最新成本
偷窃	①加强内部举报防盗措施 ②设置虫害防治装置

五、著名生鲜超市防损管理借鉴

生鲜防损管理首先要明确2点：一是生鲜损耗不可避免；二是损耗控制只是影响利润的一个方面。

生鲜防损管理是运营全链条管理，成熟的生鲜超市企业的管理策略，值得每一个刚起步的生鲜超市效仿和学习。

生鲜商超永辉的防损管理

生鲜食品是驱动整体卖场的灵魂、超市经营的命脉、商场集客力的重要来源、门店吸引来客数的重要因素，更是生鲜超市业务高毛利、强聚客力的核心武器。每个生鲜超市企业都有自己科学的防损管理方法。

（1）源头控制：预处理降损耗

生鲜的源头直采，能缩短供应链长度，可降低采购成本，加强对生鲜状态的把握力。

永辉超市生鲜采购配有运输车队，在集散地进行挑拣、剥皮、削根、清洗、打捆、装袋、装箱和降温处理等简单操作。

对怕湿的生鲜品类，永辉在发货地进行除水处理。保证装车运走的都是适卖商品，节省运输成本，节省配送中心处理损耗所需要的库房、人力等成本。

永辉以很小的成本，有效控制了运输过程中的损耗，保证了商品鲜度。

（2）储存控制：创造保鲜环境

不同生鲜商品有不同的保鲜环境。生鲜超市需要创造适合的环境以减缓生鲜新陈代谢过程中造成的损耗。比如，对鲜活品类来说，须保证鱼池中的鱼是活的，死亡的鱼要及时捞出做相应处理，以免细菌传染而影响其他鱼类。

（3）售卖控制：促销加快周转

为保持生鲜商品新鲜度，售卖时应根据品质进行价格调整，降低商品损耗，加快商品售

第四节 生鲜损耗控制及防损管理

卖速度。根据生鲜状态不同,以不同形式销售。既解决口感问题,又增加销售机会。但有时,促销低价不完全是按商品品质进行。

永辉生鲜的经理,每天都会进行市场调查,根据市场和竞争对手的价格情况调整售价,做到变价迅速,打击准确。随着生鲜自营和精细化管理的普及,生鲜通过科学的防损管理,可以成为企业的赢利商品。

第五节
生鲜商品采购管理

采购是整个生鲜超市经营结构中非常重要的一环，采购的成败决定了生鲜超市的成功与否，因此对生鲜采购的要求非常高，而生鲜商品采购也常常被形象地比喻成一种特殊的专业投资业务。

一、生鲜采购原则

为加强生鲜超市规范化管理，确保采购到高品质低成本的商品，达到降低成本的目的，生鲜超市企业必须制定采购配置原则，争取最佳的资金沉淀和销售投入回报。

1. 原则 1：询价议价

生鲜商品须有三家以上供应商提供报价。在权衡质量、价格、交货条件、资质、信誉、客户群等因素的基础上综合评估。

2. 原则 2：职责分离

采购人员不得干涉商品采购以外的其他部门工作。

3. 原则 3：一致性

采购人员采购物品或服务须与采购单所列的规格、型号、数量相一致。

二、生鲜自采商品流程

自采是生鲜采购的最常用模式，也有一套标准化运作流程。

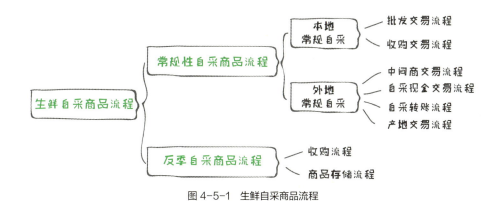

图 4-5-1　生鲜自采商品流程

三、生鲜采购要求

生鲜商品保质期短、易变质、易腐败，其商品损耗大大高于其他商品。生鲜商品的这些特点，决定了其采购也有自己的要求。

1. 要求 1：了解生鲜商品采购的 3 个特点

图 4-5-2　生鲜商品采购的 3 特点

（1）特点 1：复杂性

生鲜商品的采购复杂性有 2 点，也由此带来了管理问题：
① 生鲜商品价格变动大，易造成采购人员市场采价困难，增加了采购人员吃拿回扣的隐患；
② 生鲜商品质量难以标准化，增加了采购部门对厂家的质量比对和控制困难，也给采购增人员降低质量谋取个人私利等行为留下了空间。

（2）特点 2：风险性

生鲜商品的经营成本高，损耗大，操作复杂，如果采购管理不慎，有可能使超市因经营生鲜商品而出现亏损或加大亏损。这也是生鲜超市经营的最大门槛。

（3）特点 3：规模性降低

生鲜商品保质期短，许多超市未形成规模经营，使采购半径缩短。跨地区经营的超市门店自行采购商品，降低了统一集中采购所能获得的规模效益。

2. 要求 2：确定订货数有据可依

（1）历史同期商品销量

采购的订货数量，须依据商品配送周期内的销量，并明确是否出现断货。根据需要，选择对比历史同期、近期等多组数据确定采购数量。

（2）库存

采购数量的确定还需依据库存数据，比如可继续销售的商品数据，结合商品销售情况，判断商品库存是否合理。

（3）到货时间

确定采购数量，需了解商品到货时间的变动情况，根据时间变动情况估算出配送周期内商品的销量。

3. 要求 3：严格遵守产品采购程序

生鲜商品采购，从接洽开发商到商品导入卖场，有固定的流程需要遵守。

图 4-5-3　生鲜商品采购的 4 个流程

（1）接洽供应商

首先，确定接待日；其次，分类接洽供应商，明确规定供应商应提交的有关资料（包括供应商的生产许可证、商品的有关证明文件等）；最后，要求供应商提供样品，以便检查和判断。

（2）采价

采价就是超市采购人员在收到了供应商的产品报价后，到市场上了解同类商品的价格，与供应商的报价进行比较，确定取舍。

（3）议定价格

超市采购人员在采价后，与供应商面对面商定商品的价格。商议前，要做一定的准备工作，通过各种途径了解供应商向其他超市的实际供货价，再具体分析本超市的经营优势和劣势，以增加自己在价格谈判中的砝码，为本企业争取到最优的供应价格。

（4）导入卖场

采购人员在确定了供应商以后，将准备采购的商品经过规定程序进行报批，一经通过就要着手导入市场的具体工作。

4. 要求 4: 做好供应商选择与管理

对于生鲜商品采购，坐等供应商上门是一种方法。但对生鲜食品来说，价格、品种变化太大。采购人员应主动对供应商做分析及选择管理。

（1）供应商选择

生鲜供应商采购选择要从批准合作的供应商中选取；选择供应商时，应挑选三家以上的供应商询价，以作为比价和议价的依据；部门主管审价时，如果需要进一步议价，则由采购主管亲自与供应商议定价格；公司领导核价时，均可视需要再行议价或要求采购部进一步议价。

（2）供应商管理

供应商管理的关键是供应商档案建造和台账建立。具体步骤有 4 个：厂商分类与编号、厂商基本资料档案的建立、各厂商商品台账的建立、厂商销售数量的统计。

5. 要求 5: 执行收货、退货 5 的 5 项检查内容

生鲜面销商品的品质是分店的责任，分店若不能严格把关、拒收不合品质要求的商品，所有责任由收货和生鲜部门负责。收货、退货检查的内容有 5 点：新鲜度、规格、保质期、数量、扣重标准。

四、采购商品保质期控制的 3 个方法

生鲜商品按其保质期长短可分为 2 类：

一类是保质期较长的、可压库的商品，如冷冻食品；另一类是保质期较短、不能压库的商品，需当日购进当日销售，如各种鲜活食品。

上述 2 类商品，在采购量的控制上需要施以不同的方法。

1. 方法 1: 可压库商品采购量控制

（1）最小库存量

根据电脑资料中滚动若干天的销售量计算出某一商品的日平均销售量，再根据商品到货和加工配送的周期来确定最小压库天数。

计算公式

最小库存量 = 某类商品日平均销售量 ×（厂家将商品送达配送中心的天数 + 配送中心进行加工的天数 + 配送中心将商品送达门店的天数 + 卖场中陈列量可销售的天数）

（2）最大库存量

生鲜超市的最大库存量要根据目前库存量和最大采购资金预算量确定。

计算公式

最大库存量 =（保质期 − 厂家将商品送达门店的天数 − 门店进行加工的天数）× 日平均销售量

$$最大库存量 = \frac{预算资金}{商品单价}$$

2. 方法 2: 鲜活食品采购控制

鲜活食品不能压库，并无最大、最小库存量的限制，必须力争当天购进当天售出。

理论采购量等于日平均销售量，但实际上，生鲜超市运作中可能会有商品无法当日全部售出，采购量的计算公式为：

采购量 = 某日销售预测值 − 前日商品库存值

3. 方法 3: 生鲜商品保质期控制

生鲜商品的品质直接关系到顾客健康，在保质期内出售商品更是生鲜经营至关重要的一环。国家法律对此有严格规定。

保质期限即生鲜商品截止最后的销售日，也是有效销售期。

表 4-5-1 生鲜保质期天数的销售期限

保质期	销售期限
3 天	保质期最后一日
1～4 天	保质期前一日
8～15 天	保质期前二日
16～30 天	保质期前五日
30 天以上	保质期前十日

超过保质期的商品不能出售，只能做退货或报废处理，接近保质期限的商品，须采取相应措施，比如降价、促销等。

第六节 生鲜超市冷链物流管理

生鲜超市经营除了面临商品标准化、成本高的问题外，物流是制约其发展的又一大瓶颈。经营生鲜超市的企业，很多都在生鲜配送过程中出现了问题。

一、生鲜配送管理

生鲜商品本身具有时令性、生活必需性、价格敏感性、购买频率高、消费量大、购买冲动性、配送过程中损耗不可避免等诸多特点。

1. 生鲜配送的 5 类问题

（1）问题 1：配送混乱

超市未能监控生鲜商品的配送过程，缺乏相应质量安全意识和有效管理手段，以至于严重影响商品的新鲜程度和质量。

（2）问题 2：配送损耗大

生鲜商品配送过程存在管理和操作缺陷，导致生鲜商品在流通过程中损耗过大。

（3）问题 3：时间滞后

缺乏相应的配送技术，大大限制了运输速度和交易时间。

（4）问题 4：产品加工没特色

配送环节中商品加工缺乏针对性，导致商品不能满足顾客的个性化需求。

（5）问题 5：信息化程度低

配送的各个环节之间信息难以及时交换，配送中心间商品不能及时调剂配送，使供货周期延长，无法跟进商品的进、销、存、转、运等重要动态情况。

2. 生鲜配送优化的 4 个环节

生鲜配送优化主要包括 4 个环节：备货检验、储存、流通加工和送货。

为了有效提高超市生鲜商品的配送效率，在配送的每个环节选择适用的设施设备，恰当安排作业顺序及动作，减少或者合并操作程序以达到缩短在途时间、降低物流消耗的目的。

（1）环节 1：备货检验

在备货环节中，生鲜商品的质量直接决定能否为超市提供合格、新鲜的商品，应从进货源头抓起，保证配送商品的质量。

（2）环节 2：储存

生鲜商品具有易腐、易损性，对顾客需求衔接的严密程度要求较高。而联合库存管理能够使整个生鲜配送链条同步化，对于减少牛鞭效应，实现零库存、准时采购等创造条件，以及最终实现整个链条的共赢有着重大的影响。

（3）环节 3：流通加工

根据生鲜商品的不同和超市的需求不同，流通加工采取 2 种基本形式，即无加工程序和带有加工程序的加工配送流程。

（4）环节 4：送货

考虑配送路线、工具等各项因素，比如合理选择配送中心地址、设置配送线路，节省配送费用等达到保证蔬菜、水果品质在物流中不发生大变化，最大程度减少腐烂变质的目的。

3. 社区生鲜配送的 3 个方式

（1）方式 1：超市 + 物流中心 + 农业基地

这种方式是由不同链条上的运作方联合起来，按照角色分工协作，共同完成生鲜的物流配送及销售。

图 4-6-1　超市、物流及农业基地配送方式

① 超市负责销售。社区生鲜超市负责直面消费者，将生鲜商品直接推送到消费者面前，完成销售。

② 物流中心负责配送。建立物流配送中心，完成生鲜商品仓储、运输和配送等多项工作后，形成销售。

③ 农业基地负责生产和技术支持。农业基地负责生产生鲜商品，提供生产种植、技术服务、商品供应等事物。实现超市、专业物流中心、农业基地的信息共享和快速传递。

（2）方式2：农社对接直销

建立农社对接社区生鲜超市模式，让农民参与到销售和推广当中。这种直销模式可以使农民更多接触市场，了解市场情况，根据实际消费需求去生产相关生鲜商品。

（3）方式3：生鲜电商配送

活跃度较高的生鲜电商根据服务定位不同，分成不同阵营：代表店仓一体化模式的盒马鲜生；代表单店模式的永辉生活；代表平台模式的天猫生鲜、京东到家，是由大电商平台吸纳各类实体店铺及商超等商家入驻，商家负责供应链和销售，平台提供获客和配送服务，实现线上、线下打通，为消费者提供便利；代表前置仓模式的每日优鲜、叮咚买菜；代表外卖平台的饿了么、美团买菜。还有市场活跃度较高的生鲜电商品牌商家：线上+线下模式的顺丰优选、易果生鲜；2020年开始卖菜服务的百果园，苏宁菜场，中粮我买网。

2020年年初的疫情，改变了生鲜配送企业的思维模式，找到了创新需求的方向。各大生鲜平台在新的市场条件下，反应快速，在供应链、应急处置、配送等方面创新性优化和调整，涌现出全新的运营和商业模式。

生鲜电商配送，快速抓住当下市场需求，借助新的互联网工具，将原本孤立式的生活服务全部重构：通过小程序商城+社群+团长KOC背书，将生鲜售卖快速直达社区，迎来了新的发展机遇。

二、生鲜物流管理

生鲜超市运营物流不完善会导致成本提高，原因有2点：

① 生鲜商品从田间到餐桌的产业链很长，时间跨度大，保证其新鲜度的难度较大；② 生鲜商品受环境、温度因素影响较大，对储藏运输的要求非常高。

1. 冷链流程设计

冷链流程是指商品从产地或采购终端开始到门店陈列货架的保鲜运输全过程。每个运输环节涉及的技术问题都非常具体。

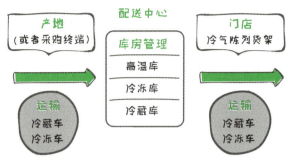

图4-6-2 冷链流程设计

2. 冷链物流优化

冷链物流的优化主要有4个方面的技术手段。

（1）手段1：加快冷链物流体系

从消费者角度看，生鲜商品的最大价值是新鲜。要保证生鲜商品的新鲜度就需要生鲜运营中能实行全程冷链物流。

冷链物流首先能够有效保证生鲜商品的新鲜度和安全性。达到冷链物流的专业化主要依靠的是：① 加强冷链物流设备建设；② 加强冷链物流标准建设。

（2）手段2：实施产销直挂，减少物流运输环节

产销直挂是指由原产地直接供给，减少中间运输与周转环节，在保证生鲜商品新鲜度的基础上降低物流成本，最终提高价格优势。

采取产销直挂与规模化生产的方式是提高生鲜商品的制造效率与供应效率最有效的手段之一。

（3）手段3：探索冷链物流更多的合作方式

与周边社区、超市、校园和便利店加强合作。合作方式可以有2种：① 将生鲜商品存储到这些合作单位的冷柜或冰箱当中，以提高配送的效率，减少损耗；② 运用电子菜箱的模式，使配送方与消费者之间的沟通和交易成本得以降低。

（4）手段4：探索收退货标准，完善退换货服务

积极探索生鲜商品物流便于建立完善的收退货体系。做好这点需要明确和规范以下工作：① 应明确收货时身份验证、如何退货、如何支付、是否可以退货等问题，使其更加简单、方便操作；② 为消费者提供便利，让消费者获得更加满意的物流体验，提高消费者的黏性。

3. 生鲜物流配送建设的6个对策

（1）对策1：培养专业物流人才

生鲜配送环节能提高效率，保证商品新鲜的程度。运作物流配送，需要高素质人才。具有服务意

识强，市场开拓主动性高的人，能让物流配送实现高效、科学的管理。

（2）对策2：加大技术和设备投入

在物流基础设施方面加大投入，逐步增加冷链运输设备，实现生鲜商品的冷链运输，最大限度地降低生鲜商品损失率。

（3）对策3：建立生鲜加工配送中心

生鲜物流配送中心可以对超市门店的生鲜商品进行统一的管理。通过专业的设备、技术和管理，保证生鲜商品的质量，减少流通时间，更好地实现生鲜商品的价值。

（4）对策4：与第三方物流企业合作

生鲜商品对运输的要求高，将运输环节交由第三方物流企业，通过专业的技术设定生鲜商品所需要的温度、包装等。

选择第三方物流企业要严格考察。检验对方是否具备生鲜商品配送能力，要选择规模大，操作规范的第三方物流企业。

（5）对策5：准时制生产的配送模式

采取准时制配送模式可以降低配送中心补货和出货的成本。

补货和出货时应充分利用运输规模经济，将几次补货和出货整合为整车装运，减少相应费用，如运输、订货2类费用等。

（6）对策6：用供应链思想降低成本

供应链管理强调各个环节的战略伙伴关系，目的是使供应链的总体效益最大化，并通过一定的分配机制使供应链上所有贸易伙伴的经济效益得到提高。

图4-6-3　生鲜物流配送建设的6个对策

三、生鲜冷链管理

谈到冷链,大多数人想到的是冷链物流。实际上人们在超市便利店等业态里面看到的以各式冰柜为主的冷链设备也是冷链管理的重要环节。

1. 冷链厂家选择的 3 个标准

生鲜超市行业的冷链物流公司一直在不断增加,选择一家合适的冷链物流公司做物流运输,是很多生鲜超市和出口商要考虑的问题。选择冷链厂家,要掌握 3 个标准。

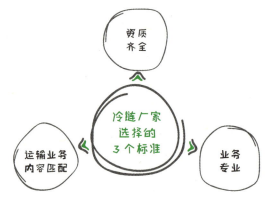

图 4-6-4　冷链厂家选择的 3 个标准

(1) 标准 1:资质齐全

市场上冷链厂家非常多,质量参差不齐,很多冷链厂家资质不齐全。超市在选择冷链厂家时要注意厂家资证,只有找到资质齐全的冷链厂家,才能够有效保证资金和货物安全。

(2) 标准 2:业务专业

提前了解关于冷链货运相关知识,实地考察时询问本地工作人员。如果冷链厂家工作人员回答不出来实质性问题,就要考虑是否选择这个冷链厂家。

(3) 标准 3:运输业务内容匹配

查看货运公司业务和超市运营的生鲜货物运输是否匹配。有些企业需要运输危险品,或一些需要另行申报的化学品,但选择的冷链厂家不具备这方面资质。这样的冷链厂家要坚决拒绝。

2. 冷链设备管理的 3 个要求

(1) 要求 1:固定存放

冷链设备要有专门或固定的房间存放,有足够储存的专用冰箱和低温冰箱,并配置冷藏设备。

(2) 要求2：专人管理

由专人负责冷链设备管理工作，要求设备建档建账，建立、健全登记制度，做到账、物相符。

每台冰箱建立冰箱维修登记记录卡和温度记录簿，确保冷链设备正常运转。管理员因故外出不能进行日常监测时，要做好工作交接，不能中断。

(3) 要求3：定时记录

每天上午、下午分别记录设备温度和室内环境温度，两次间隔不少于6小时。做好停电、发电、停机、故障维修记录。

图4-6-5　冷链设备管理的3个要求

3. 冷链设备选择的5个要求

市场上的冷链设备型号各式各样，让人眼花缭乱。如何将配置标准化便成了大卖场迅速开店的主要问题。

给超市冷链设备准确选型的基本原则是以商品结构为核心，温度要求为保障，以满足客户体验为中心。

(1) 要求1：客户体验决定外观选择

选择冷链设备的关键是从客户体验角度出发。"一切不以客户体验和商品温度为核心的营销，都是哗众取宠"。一个冷链设备要从服务方式、购物体验、摆放方式三方面综合选择。

(2) 要求2：高效节能是主要诉求

商家主要关注冷链设备的节能高效、智能监控、高可靠性。

(3) 要求3：节能高效

除了制冷剂技术方面达到节能目的，智能监控也是门店节能管理的重要方面。如果冷链设备节能性强，会降低超市商品的损耗实现节约成本。

(4) 要求4：智能化程度

未来冷链设备的趋势是快速向智能化、高度物联网化发展。但技术游离于表面，包括人工智能和智能设备系统，无人超市是独立的运营智能系统，设备本身并不具备智能功能。

智能化带给门店的不只是节电,还有节约用工成本。未来生鲜发展必然要求冷链设备自身带有智能功能。比如陈列柜自带摄像头,具备人脸识别和客流识别等功能。

(5)要求 5:可靠性

冷链设备的可靠性体现在质量过关、功能安全度高、使用寿命长。

4.冷链设备维护的 8 个手段

冷链设备是冷链行业最核心的部分,冷链设备维护是超市冷链管理中不可缺少的一环。特定冷链设备对应特定冷链环节。

(1)手段 1:定期检查技术指标

系统的运行温度和压力的高低,润滑油和制冷剂的量,都要勤检查,及时调整。冷链设备系统应该具备自动控制和压缩机报警装置,一旦有问题,马上发出报警提示,或自动保护性关机,压缩机停机。这些都需要管理人员及时注意。

(2)手段 2:定期更换润滑油和过滤器

定期更换润滑油和过滤器。根据需要补充制冷剂。冷凝器要随时清洗,保持清洁,以免有灰尘、泥沙或飞絮杂物,影响制冷效果。

(3)手段 3:冷风机管理精细

冷风机在冷库内部的位置和环境会影响设备运行。

一般靠近冷库门附近的冷风机,容易结露结霜。开门过于频繁、开启时间过长、热气流进入的时间长或数量大,都会导致风机除霜效果不佳,库温不能保证。

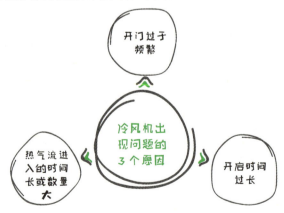

图 4-6-6　冷风机出现问题的 3 个原因

(4) 手段4：冷风机除霜排水安全

如果冷风机结霜严重，必然产生大量冷凝水，风机接水盘承受不了，排水不畅，冷凝水就会漏下来，流到库内地面。如果这时冷风机下面有存放的货物，货物就会被浸泡。在这种情况下，可以加装接水盘，安装较粗的导流管，排除冷凝水。

(5) 手段5：常备常用零件

在高温环境中长时间运行的风扇电机，容易出现故障和损坏。如果生鲜超市对冷库的保证温度要求高，则需要订购易损零部件，便于及时维修。冷风机的电加热管，需要有备用品才比较保险。

(6) 手段6：不超过设备正常负荷

冷库的设计、建设和冷库门的设置及数量，要根据超市生鲜的存货量、开关门频率综合安排。冷库使用单位要根据设计规范，合理使用冷库，不能不顾设计条件和设施实际状况，一味加大存货量和提高货物周转量，超过设施和设备的正常负荷和承受能力。

(7) 手段7：注意冷库防火安全隐患

冷库中的温度一般在零下20℃左右，由于环境温度低，不适合安装消防喷淋系统。因此，冷库内的防火要更加注意。同时，冷风机及其电线盒、电源线、电加热管，也要经常检查，消除电器火灾隐患。

(8) 手段8：冷凝器控温

冷凝器一般安装在室外楼顶的屋面上，夏季气温较高，冷凝器本身温度也很高，使机组运转压力加大。可在屋面冷凝器上加建凉棚，遮挡阳光，使冷凝器温度降低，达到减轻机器压力、保护机组设备、保证冷库温度的目的。

物流配送案例分析——永辉超市

（1）备货环节降低成本

建立自己的蔬菜基地，以自主品牌提高毛利。

不同于其他超市的是，永辉超市生鲜商品备货量大，可以掌握某些生鲜商品的价格话语权，备货环节就做到了降低成本。

（2）设置加工中心保证生鲜货源

永辉超市设有大型专业的豆制品生产加工厂、熟食生产加工厂、活鱼配送基地、蔬菜种植基地、香蕉培育中心等，保证了永辉超市的生鲜商品货源，更有利于永辉超市做差异化经营。

（3）仓储环节建立加工配送中心

仓储环节是进货环节的延续，永辉超市拥有大规模的加工配送中心，支撑公司在部分区域的仓储配送。

（4）3种配送模式相结合

永辉超市的物流配送方式有直送、配送、直通3种。后2种配送方式要交一定配送费用。

① **直送**。直接向供应商下订单，供应商把生鲜商品直接送到门店。

② **配送**。物流部向供应商要货，然后门店向物流部要货，由永辉物流部配送到门店。

③ **直通**。门店直接向供应商下单，供应商把商品送到物流部，再由物流部配送给各个门店。

第五章

生鲜超市年度营销管理

第一节 生鲜超市年度营销计划管理

一、营销分阶段设置目标

一个新的生鲜超市落成后,聚客和品牌不能求快,营销也不是一蹴而就,需要按照新店的成长和增长规律,分阶段划分运营目标,根据每个阶段的目标去安排营销工作。

1. 前期目标

前期目标是要树立品牌市场认同度,扩大市场占有率。这个阶段一般需要3～6个月时间。

2. 中期目标

中期目标是要稳固并加大市场份额,继续提升超市在市场中的价值地位。这个阶段大约在超市运营后的六个月到一年时间。

3. 中长期目标

中长期目标是要提供更多样化和个性化的服务,满足不同客户需求,避免商品的不足。这是生鲜超市运营一年后的营销目标。

4. 长期目标

长期目标是要完善各项服务,优化商品结构,提升商品核心竞争力,开始考虑复制并开辟新市场。

二、营销管理的3个原则

超市营销工作要按超市销售流程来管理,才能使营销跟得上超市运营和销售的节奏。超市销售主要分为三个阶段:销售前、销售中、销售后。

1. 原则 1：营销工作遵从销售流程

（1）销售前的服务

商品销售前，超市要先向消费者传递商品信息，引起消费者的购买欲望。这一阶段的营销工作内容包括：提供商品信息、商品整理编配、购物气氛营造等。

（2）销售中的服务

商品销售中，销售人员要在超市卖场中为消费者提供各种服务，如接待顾客、商品介绍、帮助挑选、办理购买手续、包装商品等。

（3）销售后的服务

商品出售后继续为顾客提供的外延服务，使消费者对商品感到放心满意，打消购买时的顾虑，树立超市良好的服务形象，包括退换商品、送货、维修、安装等。

2. 原则 2：营销工作按投入资源分类

一个生鲜超市，在开始运营前，会做出各种各样的配置和投入。营销工作要按照超市的投入来安排具体的工作。

（1）物质性服务

超市会通过提供一定的物质设备、设施为消费者提供服务，如电梯、寄存处、购物车、停车场等。

（2）人员性服务

超市服务人员要与顾客面对面接触，还要给顾客提供更多人性化服务以增加超市的聚客能力和市场口碑。这些服务由不同岗位的超市服务人员提供，如售货人员、送货人员、导购人员、咨询人员所提供的各种服务。

（3）信息性服务

超市的信息性服务是指向消费者传递商品及其相关的信息。这些信息主要有 POP 广告、媒体广告、新闻宣传、商品目录等。

（4）方便性服务

对顾客浏览选购商品提供服务，如提供方便的营业时间、商品陈列井然有序、商品货位有指示说明等。

（5）伴随性服务

针对顾客在购买商品过程中提出的要求而提供的辅助性服务，如商品现场演示、商品现场制作、商品包装、大件物送货和保鲜处理等。

（6）补充性服务

对顾客希望购买商品的需求提供服务，如自助取款机、公用电话、免费停车、餐饮服务等。

3. 原则 3：多做促销活动

生鲜超市做促销活动的效果非常显著。常用的方式有 3 类。

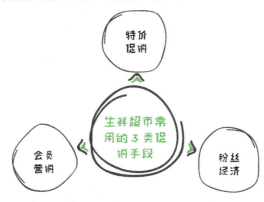

图 5-1-1　生鲜超市常用的 3 类促销手段

（1）特价促销

很多生鲜超市使用"每日一款特价菜"的活动吸引顾客，因此带来了客流量增加、销售额提升，特价菜做折扣所损失的利润，能在其他品类上赚回来。

（2）粉丝经济

生鲜超市的粉丝可以做很多文章，生鲜超市可以用公众号构建自己的会员体系，店里进行的特价优惠只对会员开放，平时多推送各种优惠活动，客户转化率会提高很快。

（3）会员营销

会员营销本质上也是利用粉丝经济的一种体现。但会员管理是生鲜超市营销重要的手段，生鲜超市借助会员制度把普通顾客转化为会员。再对会员消费行为、消费目的及消费趋势等会员信息数据进行分析，引导或迎合会员消费需求，挖掘会员后续消费力，实现顾客价值的最大化。

三、年度营销计划制定的 5 个步骤

任何一个企业单位做年度营销计划，都要基于年度销售目标这个大前提，然后再确定企业运营的其他目标。

生鲜超市制定年度营销计划有 5 个步骤：

① 市场现状及 SWOT 分析；② 制定营销目标；③ 对年度目标做任务分解；④ 制定营销执行策略；⑤ 确定营销费用和预算制定。

第一节 生鲜超市年度营销计划管理

1. 步骤 1：市场状况分析

优势 (Strengths)、劣势 (Weaknesses)、机遇 (Opportunities)、风险 (Threats)。

2. 步骤 2：确定年度营销目标

表 5-1-1 生鲜超市年度营销目标示例

营销目标	主要内容
主打商品销售率	生鲜超市的年度其他目标可以根据超市的定位和市场发展趋势，制定营销策略，扩大渠道，开发销售机会，提高商品销售率
市场占有率	通过市场促销刺激消费者购买欲望，推动经销商进货，提高超市的市场占有率
超市品牌	在市场必需的前提下，合理安排、使用市场费用，达到提高企业品牌的目的
品牌影响力	通过系统性的品牌推广和终端促销工作，使品牌在行业内具有相当的影响力
知名度	在推广的区域内具有较高的品牌知名度和美誉度
渠道建设	分销渠道通畅，终端铺货率达到 A 类终端以上 80%、B 类终端 90% 以上
市场占有率	市场占有率跻身行业内前 30 名
竞争对手确定	① 1～2 公里范围内，经营生鲜的商家和传统农贸市场 ② 经营规模、类型、品种类似的商家 ③ 有一定竞争力
竞争商品选择	① 选择的商品是双方都经营的品种，等级、品级类似 ② 商品的特性是否具备竞争的意义 ③ 商品是主力商品、敏感商品 ④ 竞争商品的选择数目小于 15%

3. 步骤 3：分解营销目标

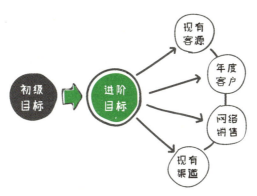

图 5-1-2 生鲜超市营销目标分解示例

4. 步骤 4：制定营销计划

生鲜超市的年度总销售目标确定后，营销部需要把它分解到各季度，作为季度销售目标。

表 5-1-2　年度市场销售计划安排表

时间	重点目标
第一季度	
第二季度	
第三季度	
第四季度	

5. 步骤 5：确定营销费用和预算

表 5-1-3　年度营销费用总表

项目	××月主要费用				费用合计
	活动推广费	日常维护费	广告物料制作费	广告费	
店1					
店2					
店3					
小计					
合计					

表 5-1-4　年度营销总费用分解表

	一月		二、三月		日常维护平销期	
	项目	预算	项目	预算	项目	预算
费用分解	户外广告		户外广告		户外广告	
	手机短信		手机短信		手机短信	
	物料费		物料费		物料费	
	印刷费		印刷费		印刷费	
	静态展示		店内美陈		优惠券	
	店内美陈		优惠券		睦邻友好	
	优惠券		店内展示		店内展示	
	注册送礼				试吃	
	1分钱购鸡蛋					
	开业前睦邻礼					
	店内展示					
	合计		合计		合计	

四、年度营销计划执行表

1. 制作年度营销计划执行表

生鲜超市年度营销执行策略从制作和执行计划表开始。年度营销执行表要以年为年度轴，以月为单位，以周为执行单位，以重要节日为节点展开。

（1）年度营销计划执行表：1~7月

表5-1-5　年度营销计划执行表（1~7月）

月份	节日	营销活动	活动形式	商品品类 ×区	商品品类 ×区	其他	活动	氛围	会员营销活动 普通会员活动	会员营销活动 高端会员维护	微信营销
一月	元旦	主题 时间	满减				满额赠	新年氛围	入会/预售/折上折	双倍积分	
一月	自创	主题 时间	折扣				团购卡销售	新年氛围	入会礼		
一月	自创						团购卡销售	新年氛围	入会礼		
二月	情人节						团购卡销售	新年氛围	入会/预售/联盟	满额礼	
二月	新年/元宵节							新年氛围			
三月	三八节						刷卡礼	春氛围	入会/预售/联盟	生日礼	
三月	自创						车展	春氛围	入会礼	双倍积分	
四月	清明节							春氛围	入会礼		
四月	自创						刷卡礼	春氛围	入会礼 预售	双倍积分	
五月	五一						满额赠 刷卡礼	春氛围	入会/预售/折上折	双倍积分 积分活动	
五月	母亲节						刷卡礼	春氛围	入会礼 预售	满额礼	
六月	六一						才艺大赛 限时秒杀	夏氛围	入会/预售/折上折	生日礼	
六月	端午节 父亲节						刷卡礼	夏氛围	入会礼 预售	双倍积分 满额礼	
七月	自创会员月							夏氛围	入会		
七月	自创会员月						积分兑换 刷卡礼	夏氛围	入会/预售/折上折	双倍积分 满额礼	

（2）年度营销计划执行表：8~12月

表 5-1-6　年度营销计划执行表（8~12月）

月份	节日	营销活动	活动形式	商品品类			活动	氛围	会员营销活动			微信营销
				×区	×区	其他			普通会员活动	高端会员维护		
八月		主题时间	满减				满额赠	秋氛围	入会/预售/折上折	双倍积分		
	自创	主题时间	折扣				团购卡销售		入会礼			
	自创	冬靴季					团购卡销售		入会礼			
九月	教师节节中秋节年						团购卡销售		入会/预售/联盟	满额礼		
十月	国庆节						刷卡礼	冬氛围	入会/预售/联盟	生日礼		
	自主活动								入会礼			
十一月	双十一节								入会礼			
	自主活动						刷卡礼		入会礼/预售	双倍积分		
十二月	圣诞节						满额赠刷卡礼		入会/预售/折上折	双倍积分积分活动		
	自主活动						刷卡礼		入会礼/预售	满额礼		

2. 销售活动计划

视实际情况做出调整，原则是向现有政策靠拢。

表 5-1-7　营销推广活动事项与工作计划表

时间	计划拓展
××××年1月	
××××年2月	
××××年3月	
××××年4月	
××××年5月	
××××年6月	
××××年7月	
××××年8月	
××××年9月	
××××年10月	
××××年11月	
××××年12月	

3. 销售活动工作计划表

表 5-1-8　销售活动工作计划表示例

事项	时间	操作明细	负责人
包装、规格确定及成本核算	××××年4月底前	落实散装和品尝品的包装、规格及成本核算。散装规格统一为8克左右，品尝品规格统一为3克左右	由总经办与营销部协调落实（因暂无市场策划人员）
宣传资料制作	4月	制作商品营销手册，5月投入使用	市场策划专员落实
	5月	完成形象促销台设计、制作	
		完成POP海报的设计、制作	
建立网上推广渠道	5～7月	完成本公司官方网站建设	市场策划专员执行，营销部经理协助
	5月	完成××、××网站等的形象宣传和招商工作	
年度活动策划与执行	7月前	完成年度宣传活动的策划及费用预算	市场策划专员负责策划、预算、协调、执行
	8月前	完成国庆节的活动专案策划并落实执行	
	10月前	完成元旦的活动专案策划并落实执行	
	11月前	完成春节的活动专案策划并落实执行	

五、年度营销的促销规划

1. 营销计划轴线

生鲜超市营销计划的时间轴线排布有4个维度。

图 5-1-3　营销计划时间轴线排布

（1）时间维度

对生鲜超市的营销工作来说，时间是所有营销工作推进的核心。在时间维度下，营销须制作2个计划表：一是年度营销计划；二是季、月、周、天营销计划。

（2）节日维度

节日是所有实体店必须遵照的营销节点。这些节日包括以下几类。

① 常规周末。

② 传统习俗。中国传统习俗中的重要节日，如端午节、重阳节、中秋节、国庆节、春节等。

③ 店庆日。实体店的店庆日是非常重大的营销活动。实体店的店庆要配以重要活动、特殊商品、打折促销等手段。

（3）时令维度

时令果蔬、海鲜等也是营销计划的一部分，比如荔枝、大闸蟹等时令性特别强的果蔬、海鲜，其促销活动需要提前筹备和计划。

（4）商品维度

以生鲜超市本阶段新进商品及本店库存大或需要清库存的商品为主题组织的促销和营销活动。

作为已经开店的生鲜超市，在做年度营销执行策略时，消费者分析和市场定位已经基本完成，商品策略会随着销售数据不断做调整。在年度营销中，比较重要的部分落在价格策略和促销策略上。

2. 年度营销促销准备

日常营销是生鲜超市营销的重点和难点，每日销售都需要合理有效的促销手段。

（1）步骤1：用数据指导营销

超市的日常促销，并不是凭空生硬地为营销而营销，而是要从每次促销后的数据中发现对促销有价值的信息。数据收集有4个渠道。

① 从促销过程中发现机会点。可分析低价商品促销是否真正带动了相关联商品的销售。

② 从顾客的行为中发现机会点。可分析本组陈列促销商品是否带动了本组高毛利商品的销售。

③ 从卖场的现场布局与管理中发现机会点。可分析部门各个类别促销点位是否合理。

④ 从品类结构中发现机会点。以分析C类商品为主，分析差异化商品。

（2）步骤2：针对生鲜有独特促销

生鲜超市促销的目的是吸引第一次上门的购买者，并促使其成为回头客。

生鲜超市所提供的成品或劳务要有新鲜感。方法可以是品类目标促销分析法和确定品类来客数分析法。

① 品类目标促销分析法。品类目标促销分析法就是要确定用哪些品类来做卖场的促销重点。在确定品类前，需要掌握几个常规：

a. 一般的熟食、水产、面包不建议作为日常促销重点；

b. 蔬菜、水果、鲜肉是超市日常的促销重点；

c. 节假日可进行熟食、水产、面包的促销。

② 确定品类来客数分析法。

（3）步骤 3: 确定常规促销手段

生鲜超市的常规促销一般可以分为 2 类。

① 一般促销。包括购物赠券、折价赠券、满减、降价、特卖、购物抽奖、现场促销、主题式促销、限时促销等。

② 生鲜常用促销。包括档期促销、周末促销、品类促销、换购促销、节日促销、竞争促销、面对面销售促销、试吃、试饮等。

促销的时候，还要不断地营造卖场气氛。比如：① 用电视等多媒体手段播放商品信息和食用方法；② 宣传配以纸质广告媒介，渲染销售氛围，激发顾客的购买欲望。

图 5-1-4　生鲜常规促销的 2 个协助宣传手段

（4）步骤 4: 节日及热点促销

节日消费已成为家庭消费的重要部分。在这个重要的销售节点当中，如何引导顾客加入消费浪潮，需要超市把所要表达的商品意愿很生动地告诉消费者。也就是我们常说的营销要有概念。比如，送礼与喜庆的结合，节日折扣与赠品结合，节日欢庆与特色结合等。

图 5-1-5　生鲜超市节日促销的 4 个执行要点

3. 有特定的促销包装

营销离不开商品包装和卖场营造。包装是指商品与之相关各个方面进行的包装，就是俗称的卖场装扮。卖场装扮环节意义重要，如何运作，需要根据不同的节日与超市、商家的定位和销售计划来确定。

六、营销定价的 6 个策略

生鲜是以量取胜的商品。量大才能维持商品的鲜度和周转率，而不是高毛利、低销量的策略。对于生鲜商品，定价策略的核心是低毛利刺激销量。

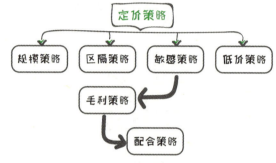

图 5-1-6　营销定价的 6 个策略

1. 策略 1：规模策略

生鲜超市不同的经营规模，比如卖场面积、超市品项多少，毛利空间大小等，多是由生鲜超市的经营方式和投入资金多少决定的。

例如：超市卖场面积 3000 平方米以上，品项 15000 类以上，定价毛利率较高，在 14%～25% 之间；量贩类仓储店，卖场面积为 5000～15000 平方米，品项数少于超市的，定价毛利率较低，为 6%～9%。

2. 策略 2：区隔策略

不同地域的消费水平，决定了商品毛利空间大小不同，不能以偏概全。生鲜超市应根据影响价格的种种因素，如消费人群收入、支出水平，人口密集度，消费习惯等来决定自己的价格水平。除此之外，市场空间的大小、市场的成熟度、竞争环境的优劣及市场的开放或封闭程度都会影响价格制定。

第一节 生鲜超市年度营销计划管理

图 5-1-7 影响价格的区隔 9 因素

3. 策略 3: 敏感策略

消费者对商品的敏感度决定价格变化和毛利率高低。生鲜超市里较不敏感的商品，如水产冻品、干货等的价格和毛利偏高；较敏感的商品，比如肉、蛋、菜等的价格和毛利偏低。

4. 策略 4: 低价策略

生鲜超市可通过经常性促销、略低于竞争对手的价格水平、调低敏感商品价格等方式，在消费者头脑中建立整体低价的印象。通过周期性不断强化，刺激购买欲，提高销售量，带动高毛利商品销售，赚得利润。

5. 策略 5: 毛利策略

根据自身发展方向、策略、费用、成本、以往销售状况分析和对自身销售预测等方式制定出综合毛利率要求，分配到不同采购组，作为各采购组的定价依据和目标任务。

6. 策略 6: 配合策略

商品降价不等于损失毛利。生鲜定价的核心是以量赚取利润。公司的毛利指标是定价指导，但是，计算方式并不是进价加上毛利指标等于售价。毛利标准下的价格制度，还要配合超市促销计划进行。

第二节
生鲜超市开业筹备及执行

一、装修建店的主要内容

生鲜超市规划设计和店面装修要特别重视生鲜各部组的关联关系。好的卖场装修能营造生鲜区的卖场环境气氛，需要充分运用4个方面：

色彩，气味、声音与音响，通风设备，卖场导向系统。

图 5-2-1　生鲜超市卖场设计的 4 个方面

1. 店面的设计与装修

洽谈好店面后，应立即着手店面的设计与装修。好的设计与装修，既要符合店面定位和商品特色，又要使顾客容易注意到、方便进入和舒适购买。

2. 店面布局设计

店面布局设计要根据 2 个标准来开展：一是店面的物理特性，二是顾客的购买习惯。依据这 2 个标准来划分功能区，如商品销售区、收银区、通道区、办公区、顾客休息区等。

3. 通道设计

设计零售店铺卖场通道时，应注意 2 点要求。

① 通道要有一定的宽度。一般来讲，营业面积为 600 平方米以上的零售店铺，卖场主通道的宽度要在 2 米以上。最小的通道宽度不能小于 90 厘米，即两个成年人能够同向或逆向通过（成年人的平均肩宽为 45 厘米）。

② 设计通道应注意不能给卖场留有"死角"。"死角"就是顾客不易到达的地方，不利于商品销售。

4. 动线设计安排

表 5-2-1 超市动线设计安排要求

部门	价值	动线设计安排
肉类部	顾客购买目的性最强的商品	沿墙设置；最佳的磁石商品
水产部	超市主业	大卖场中央；生鲜超市中则沿墙安排；与肉和蔬果相邻
蔬果部	磁石商品	生鲜区或超市入口位置；与肉类商品相邻
面包房	气氛渲染手段	与日配品和熟食制品有连带关系，在生鲜区或超市入口位置；与日配商品相邻
熟食部	现场加工气氛	与面包房可分可合，是肉类部与其他部门的过渡环节
日配部	高购买频率商品	与主食厨房和面包房有连带关系，在生鲜区或超市的出口位置；与主食厨房、面包房和冷冻食品相邻
冷冻食品部	快捷销售商品	生鲜区或超市出口位置；与蔬果、肉类和日配相邻

5. 色彩设计

生鲜超市店面经营的是食品，宜采用暖色调，并注意摆放商品的货架也会对商品销售产生影响。熟食、面包、水果和肉类适合使用暖色调为主要色调。
生鲜区的水产和蔬菜适合使用冷色调为主要色调。

表 5-2-2 卖场色调与颜色对照表

色彩类别	释义
暖色	红色、黄色、橙色
冷色	蓝色、绿色
泥土类色调	棕色、金黄色
冷暖两色并列	暖色向外扩张和前移；冷色向内收缩和后退

6. 灯光照明设计

生鲜超市的销售方式是顾客自由选择，如果顾客看不清商品，他们就不会购买。因此照明基本的要求就是明亮。照明设计的目的是取得良好的效果和层次感，使陈列的商品产生极大的魅力。生鲜超市的灯光照明设计有 3 个要求。

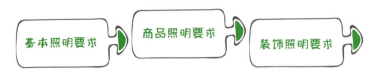

图 5-2-2　生鲜超市灯光照明设计的 3 个要求

（1）基本照明要求

保持店内的基本能见度，方便顾客选购商品。

主要考虑的因素有三个：灯带走向、电路分路控制、照度级差分布。

（2）商品照明要求

店堂内灯光通明，突出商品特质，吸引顾客注意力。展示台陈列的生鲜商品，如鲜鱼、鲜肉等可用射灯之类的照明设备，突出商品的新鲜，增进顾客的食欲。

（3）装饰照明要求

有比例地使用垂直下吊的照明设备，局部使用装饰性灯光，例如：生鲜样品、大幅装饰画等。

7. 通风与温度设计

（1）通风

通风来源可以分为自然通风和机械通风。采用自然通风可以节约能源，保证零售店铺内部适宜的空气环境。

（2）温度

使用空调时，维持舒适的温度和湿度至关重要。零售店铺空调应遵循舒适性原则。

冬季应达到温暖而不燥热，夏季应达到凉爽而不骤冷。否则会对顾客和职员的身体健康产生不利影响。

8. 装修

对采用租赁场地经营的生鲜超市来说，装修环节分为五类内容：内部装修、外部装修、专柜工程、灯光工程、内装设备工程。

装修前期要注意 3 个环节。

① 与业主沟通。装修过程中，应同物业业主沟通好，既要保证装修安全性，还要避免双方发生纠纷。

② 维护与完善辅助设施。要对房屋辅助设施进行维护与完善，包括水、电、消防、楼梯等。房屋辅助设施也可在签订租房协议时让房东负责。

③ 环境的完善与修整。装修还有一个目的就是创造美好的购物环境，装修还要对店面周围的环

境进行适当完善与修整，让顾客容易进出并有一个美好的感觉。

二、开业前筹备

生鲜超市开业前的筹备工作可以从准备和推进 2 个方面来说，主要内容包括：一套运营证照、四个推进阶段。

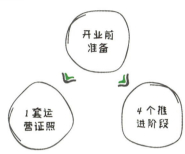

图 5-2-3　超市开业前 2 类准备工作

1.1 套运营证照

（1）公司注册

公司注册阶段主要有 3 个步骤。

① 完成当地的注册工作。

② 完成各类证照的办理。

③ 协调各类运营部门、政府管理部门、服务合作单位、供应商等各类关系。

（2）办理营业执照

办理营业执照要到当地工商部门了解营业执照办理手续，了解需要准备的资料。

办理个体工商户营业执照手续较简单，办理有限公司营业执照则手续比较多，到市场监督管理局咨询会得到详细指导。

（3）核名

核名即名称预先核准登记。在同一个地区内的同一个分类下，个体工商户不允许有容易混淆的营业执照名称出现，但类似"×× 公司 ×× 地区分公司"的名称即使和另外一家公司的核心词相同，也能通过核名。

（4）登记

生鲜超市注册登记时，应按市场监督管理局要求提交相应材料，并完成相关登记流程。

表 5-2-3 生鲜超市注册登记的六个步骤

步骤	内容
第一步	咨询后领取并填写《企业名称预先核准申请书》，同时准备相关材料
第二步	递交《企业名称预先核准申请书》及其相关材料，等待名称核准结果
第三步	领取《企业名称预先核准通知书》，同时领取《企业设立登记申请书》等有关表格；到经市场监督管理局确认的入资银行开立入资专户；办理入资手续（以非货币方式出资的，还应办理资产评估手续）
第四步	递交申请材料；材料齐全，领取《公司登记受理通知书》
第五步	审核通过后，领取《准予行政许可决定书》
第六步	领取《准予行政许可决定书》后，按照《准予行政许可决定书》确定的日期到市场监督管理局交费，领取营业执照，并办理法定代表人或其授权人签字备案手续

（5）其他手续

办理完营业执照后，还有刻章、办理组织机构代码、银行开户、税务登记、购买发票等一系列手续要办理。

完成超市的注册，还有其他证照的办理，比如税务、卫生许可证，食品加工、进口商品、特种许可，消防许可等。

2.4 个推进阶段

（1）工作计划

此阶段的工作计划是计划制定阶段。要保证计划工作全面无遗漏，不影响后续工作开展，主要有：全店工作岗位设计，招聘计划，平面图布置设计，装修计划，设备与耗材计划，商品与商务规划，信息系统采购及使用计划，经营管理方案设计（含工作流程、规章制度、营业表格）等。

（2）计划展开

展开上述计划，分工负责，进入实施，定期反馈。

（3）计划落实

跟踪实施过程，一项项落实完成。要落实的主要工作有：设备采购到货情况、商品招商进展情况、人员招聘培训情况、基本信息资料录入情况、POS软硬件调试情况、装修进度情况、货架安装情况、商品到货情况等。

要进行模拟的主要流程有：商品建档流程、商品补货采购流程、商品验收及退货流程、盘点流程、收银流程、防盗流程等。

（4）全面检查

开业前几天，逐项对工作开展全面细致的检查，确保开业成功。要检查的工作清单如下表所示。

表 5-2-4　生鲜超市开业前全面检查的工作内容

序号	内容
1	收银、音乐、电脑、电子秤状态确认
2	各种证件的办理确认；营业表格确认
3	商品陈列图完成检查；各种设备试运行
4	促销方案确认
5	商品价格扫描确认
6	各种耗材的确认（收银袋、价表签、条码纸、生鲜用的盒子及袋子）
7	指示标牌确认
8	POP、DM 和宣传海报印制及到位确认
9	总服务台、存包处、退换货操作、突发事件应急方案检查
10	联营操作检查
11	促销商品到位确认
12	开业邀请确认，开业庆典任务分配检查
13	生鲜食品和冷冻食品进场检查
14	商品价签的核准
15	试营业，检查收银系统，检查价格，检查操作

三、开业筹备的 6 个步骤

1. 步骤 1：市场推广计划准备

主要指媒体宣传计划。

表 5-2-5　超市开业前媒体宣传计划

序号	主要内容
1	进驻的新闻发布
2	开业前的招商信息发布和宣传
3	开业前广告和媒体，及开业的促销活动计划
4	公共关系的建立
5	媒体宣传和 DM 单等物料制作
6	开业促销宣传的实施
7	开业庆典的策划

2. 步骤 2：开业促销计划

开业促销计划主要包括促销的方式、目的、卖场、促销品以及团购等问题。

（1）促销方式

包括：活动、价格、买赠、打折、试吃、展销。

（2）促销需求

营运部在开业前 20 天提出商品的促销需求，采购部在 5 天内进行讨论、谈判管理与咨询，在开业前 10 天提交开店促销商品清单和制作开店 DM。

（3）卖场促销陈列

营运部依照促销清单进行陈列计划和实施，根据销售预估进行特殊陈列，并及时跟进是否补货的决定。

（4）促销品重点测试

开店前 3 天，营运部、收银部应对开业促销的商品进行重点测试。

（5）团购准备

促销部在开业前 3 天负责落实各项促销活动的准备情况，团购人员展开团购工作和售卡工作，建立良好的客户源。

3. 步骤 3：开业前期集客与宣传

在店面开业之前，集客与宣传工作就已经可以进行了，良好的前期集客宣传运作，会加强开业促销的效果，促使店面迅速进入良性运营状态。

图 5-2-4　生鲜超市媒体信息研究

（1）广告询价与制作发布

广告的询价相当重要，店面相应负责人员应仔细调查和分析广告价格，最终获得一个较低价。

（2）公关宣传

店面开业前，还应和当地城管、交通部门建立初步关系，并和临近的其他店面、企业客户等沟通，争取一个良好的营业环境。开业前，应对临近的社区进行海报投递，建立初步的知名度并诱导客户购买预期。

4. 步骤 4：开业前费用预算

需要做出一个精确的开业前费用总和以确定出开业费用预算。

5. 步骤 5: 工程管理

表 5-2-6　超市开业前工程管理内容

项目	管理内容
施工现场管理	① 建立完善的施工规范和惩罚制度 ② 施工现场要求有序的工作 ③ 严格的安全措施 ④ 环境要求整洁
施工质量管理	① 对施工是否规范的督察 ② 材料进场的检查，并建立材料进场的登记表和材料出场的登记表（正常情况下，工程未完工，材料禁止出场） ③ 对施工过程的监督 ④ 对工程质量的验收（重点是：结构安全、电气照明、防水排水）
工程结算管理	① 根据合同的账期据实结算，禁止提前结算 ② 严格质量检查，进行质量扣款 ③ 严格工期管理，超过工期按照合同规定扣款 ④ 严格控制预算外工程，餐饮连锁管理系统，如实际需要，必须经审批书面同意
其他	及时完成消防验收以保证开业的顺利进行

6. 步骤 6: 设备安装管理

设备安装管理需要注意 4 个事项。

表 5-2-7　设备安装管理需要注意的 4 个事项

序号	类别	内容
1	设备的安装调试	① 控制设备的到货时间，以保证工程和设备安装的一致性 ② 电工全程监督安装过程 ③ 电工必须全程参与设备的调试过程
2	工程和设备	① 二次装修的竞标完成和进场装修 ② 设备的进场安装和调试 ③ 工程和设备的完成和验收，以及消防的验收
3	设备的验收	① 到货的初验，严格根据合同规定对型号、数量、外观、配件、备件、文件等进行验收 ② 安装过程中检验是否缺少配件，产品是否合格 ③ 安装完成后，进行试运行测试
4	设备管理（维保）	① 建立完善的设备管理文件 ② 建立完善的专用工具管理文件 ③ 建立完善的设备档案，如保修期、联系电话等

四、开业前的 4 项商品筹备内容

1. 内容 1: 商品计划管理

商品计划管理主要包括 5 个方面的内容。

（1）卖场计划

完成 SKU 计划，确定准确的布局图和良好的购物动线。

（2）订、收货计划

确保订货计划、到货计划、收货计划都能顺利进行，保证商品的陈列计划得以实施。

（3）库存计划

库存合理是保证生鲜超市开业后销售业绩的基础。

（4）商品品类计划

商品品类需要对当地大多数顾客有绝对吸引力。

（5）销售计划

对门店的陈列、面位有较大的影响，对库存控制有巨大的帮助。

图 5-2-5 商品计划管理

2. 内容 2：商品收货管理

表 5-2-8 超市开业前的商品收货管理

序号	类别	内容
1	计划收货	重点是单品计划、品类计划、库存计划
2	预约收货	做好主动预约、不拒绝散单、不拒绝被动预约、跟进落实失约的原因
3	特殊拒绝	单品量小于 50%、品种小于 60% 的送货可以拒绝收货，另外，保值期属于超过收货标准的商品和其他违反收货标准的商品可以拒绝收货
4	及时录入	当天的收货必须保证当天录入
5	票据管理	问题单据、问题商品必须在 24 小时内解决，由经理负责，关联部门必须无条件协助
6	商品记录	及时跟进记录所有异常状况，当天汇报异常记录，必须在 48 小时以内进行解决
7	贵重商品管理	对于贵重商品，营运部门必须派专人进行协助收货，及时存放在高值仓库

3. 内容 3: 商品陈列管理

生鲜超市的商品陈列管理有 5 个工作环节。

（1）陈列商品

按照商品分类原则进行商品陈列。

（2）商品补货

根据促销力度和陈列的效果需求，做好销售预计，及时提出库存意见，跟进补货。

（3）价签管理

开业前的商品价签管理，要保证 3 个原则。

① 价格由专人负责。

② 保证所陈列商品 100% 完成过机。

③ 变价管理需要提前申请和告知。

开店前一周，所有采购变价商品必须有书面变价通知提交店内。

（4）商品测试

开业前一周开始，每天不少于一次全面的商品测试。

（5）商品完成

开业前商品是否完成，有 5 个判断标准：

① 商品合同完成；② 商品资料建立完毕；③ 开业库存确定和保证首单到货上架；④ 商品的陈列及调整完成；⑤ 收银系统在开业前，商品 100% 过机完毕。

4. 内容 4: 生鲜自制品管理

生鲜自制品管理有 7 个方面的工作内容。

图 5-2-6　生鲜自制品管理的主要内容

（1）生鲜单品确定

根据当地的消费习惯和竞争对手的状况，充分结合设备和加工水平、生产能力做好商品 SKU 计划。

（2）商品资料录入

确认自制品税率，根据自制单品食谱卡进行成本核算，采购部以统一的虚拟价格（进价、售价）录入系统，IT 部将生鲜自制品系统资料生成电子秤 PLU 码。

（3）食谱卡管理

根据自制品清单制作食谱卡，根据食谱卡进行成本核算，按照食谱卡进行试生产，然后根据试生产的结果进行试吃，再调整食谱卡。

（4）商品毛利控制

表 5-2-9　自制品商品毛利控制管理

序号	内容
1	必须确定主要竞争对手和次要竞争对手，分清主次
2	及时掌握竞争对手的价格情况
3	适时调整毛利水平和竞争品种
4	严格按照食谱卡进行生产，拒绝员工操作的随意性
5	加强收货、报损的管理，加强商品的鲜度管理，及时跟进商品的变化，有效控制商品损耗
6	根据食谱卡确定商品成本，根据市调确定商品售价，保证生鲜自制品既有一定毛利水平，又符合市场规律

（5）商品测试

PLU 码生成后就可以进行 POS 机测试。

（6）商品促销计划

生鲜部须在开业前提交商品的促销计划。

生鲜商品测试的重点是注意开业销售量较大的人员安排情况。

（7）商品试生产管理

表 5-2-10　商品试生产管理内容

序号	内容
1	提前完成食谱卡的组建工作，做好试生产原料准备及建立品尝意见表
2	开业前进行自制品试生产，根据品尝意见调整食谱卡
3	每个单品每次须得到不少于 5 个员工的品尝意见
4	开业生鲜经理审核及确定食谱卡

五、开业倒计时的 8 项检查内容

表 5-2-11 开业倒计时的 8 项检查内容

序号	检查点	检查内容
1	倒计时工作安排	按照时间倒计时逐一列出工作事项
2	人员到位	财务在工程进场前到位,以保证商场及时开业,店长在开业前两个月到位,营运管理层在开业前五十天到位以实施各项工作的开展
3	团队岗位配置	开业人员的安排,以及各小组的职责和分工;应急机制的建立和后勤保障等
4	设备运营检查	设备的试运行、电力测试、收银机的压力测试、备用电源的测试、卖场的安全检查等
5	数据线路检查	接通后,首次进行数据传输,检查每一台 POS 机的线路是否畅通,数据是否正确
6	开业前传输测试	每次传输前与 IT 部确认具体时间,有特殊要求的数据更新传输,需要向 IT 部申请
7	每次数据下载	及时调整新的价格标签,营运部、商品测试组如发现异常价格,应及时记录,并及时上报店长,开业前一天拒绝做大范围价格调整
8	开业前一天	① IT 部清空所有的历史销售数据 ② 所有 POS 测试均在测试状态下正常进行 ③ 商品测试前主管必须负责检查确认 ④ 检查开业典礼准备情况,开业前做员工动员大会

表 5-2-12 开业倒计时工作内容

开业倒计时	内容
开业前七周	员工招聘,员工培训设备的订货,到位时间确认
开业前六周	制定收货计划和商品的陈列计划。POS 服务器到位,数据线路接通
开业前五周	工程完工、清洁,主要设备安装调试,收货陈列
开店前四周	实施市场推广计划,招商商家的装修进场
开业前 45 天	制定收货计划和商品的陈列计划。POS 服务器到位,数据线路接通,系统测试完成
开业前 30 天	工程完工、清洁,主要设备安装调试,收货陈列
开店前 20 天	初步入选商品测试完成,保证能销售,商品信息正确,实施市场推广计划
开店前 15 天	招商工作完成,确定商家的到位情况检查
开店前两周	生鲜的试生产
开店前 10 天	生鲜的冷冻和其他长保商品的收货完成
开店前 6 天	正常商品收货完成,生鲜商品收货计划开始实施,完成商品测试、标价签的制作以及库存的检查和设备的试运行
开业当天	所有生鲜商品在开店前到位,人员到位,价格正确,标识正确完全;必要的安保人员到场维持秩序

六、开业庆典活动执行

开业是生鲜超市真正考验的开始。开业初期这一段时间,对店面生存和发展起至关重要的作用。

1. 步骤 1: 开业前准备工作

开业前准备工作围绕宣传计划和促销准备计划展开。

表 5-2-13　开业前准备工作

序号	类别	内容
1	开业方案制定	开业前应制定详细计划，包括宣传方案、突发事件处理方案、预期效果、预计费用等
2	宣传准备	同媒体联系好出场费用和报导方案；户外广告发布完毕
3	货物准备	根据市场特点和促销活动，准备充足货物
4	促销品准备	根据促销方案准备
5	宣传品准备	各类开业海报、宣传单页等
6	行政管理准备	消防审批、城管备案

2. 步骤 2：店内气氛营造

表 5-2-14　店内气氛营造

序号	物料类别	要求
1	串串牌	摆放地点：进门处、空旷天花板及各类通道天花板上 摆放目的：引导顾客走向，营造氛围 摆放要求：整齐、美观、不遮挡灯体、有合理的间隔
2	促销海报	使用地点：店外门柱、玻璃，大型广告板，店内通道附近 使用目的：详细介绍店内活动内容，便于顾客咨询了解
3	抽奖箱	使用地点：店面入口、收银台附近、店外促销台 使用目的：吸引消费者，激发购买欲望 注意事项：配合促销海报
4	特价贴	使用地点：特定商品展示，特价商品可以做堆头展示 使用目的：突现主推商品，引起顾客注意
5	商品堆头	使用方法：利用商品空包装加样板做现场生动化布置，可分为商品堆头、礼品堆头等，结合活动海报进行布置 使用目的：渲染活动现场气氛、增加视觉冲击力 注意事项：堆头位置要在可控范围以内，便于促销员管理

3. 步骤 3：店外气氛营造

表 5-2-15　店外气氛营造

序号	物料类别	要求
1	玻璃贴	使用地点：店门入口处、玻璃店头橱窗 使用目的：突出开业主题和视觉效果
2	串串牌	使用方式：围绕店头橱窗，根据店总面积大小，密集性吊挂。小店头串串牌的间距为0.5米左右；大店头串串牌的间距为1米左右 注意事项：串串牌一定要上下左右整齐、美观
3	拱门	使用地点：卖场门口，但不能阻挡进店路线 使用目的：起到宣传及吸引客流的作用
4	舞台	使用地点：在卖场门口略偏一点的地方搭建 使用目的：舞台表演吸引人气、现场促销派发奖品 注意事项：舞台的高度要根据现场确定，不要过低，同拱门搭配
5	横幅或条幅	使用地点：店面门口悬挂，附近社区悬挂 使用目的：宣传活动主题内容，吸引购买及意向性消费者
6	标旗	使用地点：穿插于临近街道、店头两侧 使用目的：宣传企业形象、烘托现场气氛

续表

序号	物料类别	要求
7	氢气球	使用方法：可用 2 个或 4 个氢气球悬挂祝贺条幅升空，有专门公司出租氢气球和办理手续 使用目的：宣传企业形象、烘托现场气氛 注意事项：卖场附近地形是否允许和有利于氢气球升空
8	花篮	使用地点：店面两侧 使用目的：渲染开业气氛

4. 步骤 4：促销活动执行

表 5-2-16　促销活动执行

序号	类别	主要内容
1	红包派发	红包内附优惠券，明确优惠券的使用规则
2	礼品赠送	确定礼品类别及数量
3	互动活动	有奖问答、抽奖及表演活动
4	购物打折	满一定金额赠送礼品或折扣券
5	特价促销	针对开业和宣传商品做特价促销，并制定详细的特价促销方案

店面开业结束后，超市运营还有很多工作要持续地做下去，比如市场研究、竞争者分析、品类管理、库存管理、财务管理、售后服务等。

附录：生鲜超市开业庆典方案参考

1. 生鲜超市开业庆典活动规模

参加人数为 100～160 人，现场布置营造热烈隆重的庆典仪式气氛，活动以产生良好的新闻效应和社会效益为目标。

2. 生鲜超市开业庆典活动场所

××生鲜超市广场。

3. 生鲜超市开业庆典活动内容

××生鲜超市开业仪式。

4. 生鲜超市开业庆典举办时间

××××年××月××日。

5. 生鲜超市开业庆典交通食宿安排

主办单位负责安排好嘉宾接送车辆及宴请场所，而承办单位负责礼仪小姐、军乐队、醒狮队、摄影师等的接送工作。

6. 活动物资筹办

车辆、请柬、饮水、香槟酒、礼品纪念品、文具、电源设备、宣传品等。

7. 生鲜超市开业庆典活动的主持人选

一女、一男，说普通话，青春、时尚，能制造活跃气氛。

8. 嘉宾邀请

嘉宾邀请是仪式活动准备工作中极其重要的一环。为了使仪式活动充分发挥其轰动和舆论的积极作用，在邀请嘉宾工作上必须精心选择对象，设计精美的请柬，尽量邀请有知名度的人士出席，制造新闻效应，提前发出邀请函（重要嘉宾应派专人亲自上门邀请）。

嘉宾邀请范围有：

① 政府领导、上级领导、主管部门负责人；

② 主办单位负责人；

③ 内部权威机构；

④ 知名人士、记者；

⑤ 业主。

9. 开业活动方案

（1）广告内容要求

开业告示要写明事由，注明开业庆典仪式举行的时间和地点，介绍有关超市的建设规划、经营理念、服务宗旨。

（2）广告媒体安排

在活动前3天即需订好《×××报》《×××商报》等的广告位，并制作好广告稿件和广告计划书，预约电台、电视台、报纸的新闻采编，做好新闻报道准备工作，印制好准备派发的礼品袋和宣传资料。

① 报纸广告：在《×××报》《×××商报》上提前订好广告位，设计精美的展览宣传广告。

② 印制广告：宣传单页、礼品袋等。

10. 开业庆典工作安排

① 前期准备阶段：××××年××月××日，礼仪公司将"××"生鲜超市开业策划草案送公司审阅，就方案做出实质性的修改。

② 双方公司就此次活动签订《合作意向书》，《合作意向书》应对本次活动中双方的责任和权益进行说明，同时应说明的还有本次活动的规模、举办地点等要素，以便着手安排工作。

③ 双方公司应就此次活动成立联合工作小组，并做出详细的设计方案，签订正式合同。

④ ××××年××月××日，按照项目实施方案的要求，广告宣传工作应开始运作，第一批的软性广告宣传应见报。

11. 开业庆典策划制作、实施阶段工作安排

① ××××年××月××日，应开始发送请柬、回执，并在3日内完成回执的回收工作。

② ××××年××月××日，各种活动用品（印刷品、礼品等）应完成制作、采购工作并入库，指定专人进行保管。

③ ××××年××月××日，公司方面应完成活动所需物品的前期制作工作。至此，公司与相关协作单位的确定工作应全部完成。

12. 现场布置阶段工作安排

① ××××年××月××日，开始现场的布置工作，××日一天应完成所有条幅、彩旗、灯杆旗的安装工作（物管公司派两名工作人员配合，确认准确位置）。

② ××××年××月××日，开始现场的布置工作。上午完成主席台的搭建及背景牌安装，下午3：00完成主会场签到处、指示牌、嘉宾座椅、音响的摆设布置，并协同有关人员检查已布置完成的物品。晚上6：00前完成充气龙拱门、高空气球的布置工作。晚上12：00前完成花牌、胸花、胸牌的制作工作。

③ ××××年××月××日，上午9：00前，完成花篮、花牌、盆花的布置；上午10：00完成小气球的充气工作；11：00对全部环境布置进行全面检查、验收。至此全部准备工作完毕。

13. 开业庆典策划活动实施阶段工作安排

① ××××年××月××日，上午7：00工作人员到达现场做准备工作；保安人员正式对现场进行安全保卫。

② ××××年××月××日，上午8：00礼仪小姐、醒狮队、军乐队准备完毕。

③ ××××年××月××日，上午8：30主持人、摄影师、音响师、记者准备完毕。

④××××年××月××日,上午9:00活动正式开始。军乐队奏迎宾曲,礼仪小姐迎宾,为嘉宾佩戴胸花,协助签到。

14. 开业庆典策划场景布置

（1）彩旗

① 数量:××面。

② 规格:0.75m×1.5m。

③ 材料:绸面。

④ 内容:"××生鲜超市隆重开业"。

⑤ 布置:广场及道路两边插置。

印制精美的彩旗随风飘动,喜气洋洋地迎接每位来宾,能充分体现主办单位的热情和欢悦景象,彩旗的数量能体现出整个庆典场面的气势,同时又是有效的宣传品。

（2）横幅

① 数量:1条。

② 规格:4.5米×10米。

③ 材料:××××布。

④ 内容:××××。

⑤ 布置:超市进门的墙壁。

（3）贺幅

① 数量:1条。

② 规格:15米×20米。

③ 材料:××布。

④ 内容:××××。

⑤ 布置:广场墙壁。

（4）放飞小气球

① 数量:2000个。

② 材料:PVC。

③ 布置：主会场上空。

剪彩时放飞小气球，会使整个会场显得隆重祥和，更能增加开业庆典仪式的现场气氛。

（5）高空气球

① 数量：12 个。

② 规格：气球直径 3 米。

③ 材料：PVC。

④ 内容：××××。

⑤ 布置：现场及主会场上空。

（6）充气龙拱门

① 数量：1 座。

② 规格：每座跨度 15 米。

③ 材料：PVC。

④ 内容：×××。

⑤ 布置：主会场入口处及车道入口处。

（7）签到台、遮阳伞

① 数量：签到台 1 组、遮阳伞一把。

② 规格：3 米 ×0.65 米 ×0.75 米。

③ 布置：主会场右边桌子铺上红绒布，写有"签到处"，以便贵宾签到。

（8）花篮

① 数量：30 个。

② 规格：五层中式。

③ 布置：主席台左右两侧。

带有真诚祝贺词的花篮五彩缤纷，璀璨夺目，使庆典活动更激动人心。

（9）花牌

① 数量：8 块。

② 规格：1 个。

第三节 生鲜超市卖场促销物料及设计

氛围营造离不开色彩、形体、材质、光影要素的参与，且环境氛围是在设计思想的指导下和物质空间的基础上营造出来的。

一、生鲜超市场景力营造的5个元素

不同经营性质的超市所使用的超市VI系统和采用的超市内卖场氛围营造方式也都不尽相同。如标准综超、仓储店、专业店、便利店等，所使用的模式都不一样。

图 5-3-1 生鲜超市场景力营造的 5 个元素

1. 元素1：物料

（1）店旗

① 活动旗。重大节日或店庆促销活动期间悬挂，以活动主题为设计主题的旗类。

② 季节旗。在每季度换季时，与季节性和本季度活动主题相结合的用于悬挂的旗类。

③ 商品旗。是为超市或者供应商在一定时期内主推的某种商品专门做的广告旗，该商品可能是新品也可能是特价商品。

④ 店旗规格。店旗规格设定根据卖场内顶部距地面实际空间的高度而定，分为高顶、中顶和低顶三种情况。

表 5-3-1　店旗规格

规格	顶高	方向	建议尺寸/厘米
6 米左右	高顶	纵向	185×147
3 米左右	中顶	横向	45×57
2.3 米左右	低顶	横向	21×27

⑤ 店旗设计。画面构图饱满，主题鲜明、突出，色调多以暖色调为主，特殊季节可以采用冷色调。

⑥ 店旗悬挂。首先考虑店旗排列方式；其次考虑店旗的悬挂方法，店旗悬挂方法一般为垂直吊式悬挂；最后考虑店旗悬挂的数量。

⑦ 店旗材料及质量要求。由于画面和内容要求丰富，所以店旗制作的工艺要求也相对较高，现在最常用的是印刷和喷绘。

（2）POP

POP 种类：特价 POP、新品 POP 和商品 POP。

① 规格。常用规格为 45 厘米 ×57 厘米，少量使用的规格为 67.8 厘米 ×54.7 厘米。

② 设计。首先是强调价格和名字的突出，其次是美观性。

③ 悬挂。顶部垂挂、落地式、台式 POP 专用架、地堆或地笼四周粘贴式。

④ 广告特点。引导、提示顾客购物，加强促销效果，促成顾客购买，营造卖场氛围。

⑤ 制作类别。价格牌、商品说明标签、店内旗帜、店内海报、特殊说明。

⑥ 制作要点。能烘托店内热烈气氛，颜色醒目、鲜艳，制作材料便宜（KT 板）。

⑦ POP 制作方案。简洁、易读、易懂，突出价格（红色），不宜太乱，巧用插图。

2. 元素 2：色彩

用色组合能使超市卖场显得系统化、明亮化、清晰化和丰富化。

超市的用色组合一旦确定，就要保持经年不变。无论促销活动在什么季节，主题是什么都不会改变。季节性决定超市内流动点缀色彩的选用。

超市内色彩有 2 个特点：一是遵循商品本身的色彩规律；二是使用高纯度、高亮度、高冲击力的色系。

例如，生鲜区通常使用绿色，从灯具、蔬果架到顶部的装饰物都采用绿色系；特价系列使用红色和明黄色系。

超市内色系使用使超市区域划分更加明显，顾客购物更加轻松和具有趣味性。在不同季节，不同促销活动期间的流动性色彩变化使超市气氛热烈、生机勃勃。

3. 元素 3: 画面

（1）画面种类

除去各大类商品区墙体上大面积专区色的使用还需要画面的配合，主要有企业文化的画面、各专区的商品画面、营业画面和商品广告画面。

（2）画面内容

表 5-3-2　画面内容

企业文化	主要是企业口号、员工培训，企业的发展历程、创始人、经营理念等
各专区商品画面	选择具有代表性的商品，以广告宣传画的形式加以表现
营业画面	主要是各部门员工在工作岗位上的图片
商品广告画面	是各供应商负责提供的经过审批后使用的画面

（3）画面规范

超市内所使用的所有画面都是统一筛选、规范化的画面，经过企划部、采购部、营运部直至总经理审核批准后才能使用。

超市中需要画面完善的区域：墙体、柱体、通道、收银台上方、秀台上方、各个专区的墙体。

4. 元素 4: 声音

卖场内选择的音乐音量不需要太高，以顾客能听到为标准，要求旋律比较轻柔悠扬、音质效果良好（无杂质）。

卖场内声音：在大型促销活动期间要有此起彼伏的叫卖声，以增强卖场气氛和吸引顾客。

5. 元素 5: 气味

卖场气味主要体现在生鲜超市的熟食区、面包区和日化品区。需注意的是，在卖场中要杜绝串味，如杜绝在日化区产生熟食的气味。

二、促销物料清单统筹

1. 软件设施

活动方案、电视宣传、报纸广告、库存情况、气球（举排）宣传、宣传字体、短信宣传、各部门人员协调培训、各岗位人员业务培训等。

2. 店面布置

工作服、工作牌、收银章、优惠单、销售单、手提袋、价格标签、易碎贴、饮水机、开单笔、印油、拖把、扫把、清洁剂、柜台清洁布、会员卡、柜台展示垫布等。

三、店面海报促销广告制作

1. 卖场促销广告 6 要素

成功的生鲜卖场广告应当具备 6 个要素。

① 确定好一个具体的目标。一个广告最好只推销一种商品。

② 确定正确的目标用户。要建立用户数据库，将用户分类，如分为动物爱好者、花草爱好者、钓鱼爱好者等。要对用户进行分析，为什么有些用户购买超市的商品，有些用户不购买超市的商品。

③ 明白易懂，直接打动顾客。要让顾客明确超市的商品价值点，使用户一目了然地从广告中看出商品为其带来的好处。

④ 不求速成，重在建立信任关系。要逐步与用户建立关系，不期望一次就成功。

⑤ 定期研究、测试、分析营销结果，分析原因，修订措施。

⑥ 努力使广告"独一无二"。针对不同对象提供不同服务和价值点，使广告更具针对性。

2. 海报设计 7 准则

海报要求有主题、惊爆商品要突显在海报封面的全版面，并辟出海报的一个专页刊登促销品类的重点商品，要突出商品的多样性和价格优势。

（1）准则1：凸显促销主题

无论商家是想通过某个商品的特点，还是诱人的活动力度，或者是一降到底的价格来吸引人，最重要的一点都是：首先要明白想表达的中心思想是什么，然后在画面上通过放大、加重、变形等形式表现。

（2）准则2：信息点到为止

一般情况下促销活动会有很多细则，但海报上不宜有过多字符，只要突出促销主题优惠信息即可。秒杀类的，可突出时间；商品类的，可突出商品。

（3）准则3：画面层次感

为考虑画面主题、活动细则等不同等级的内容，画面也需要划分不同层次。例如将主题、活动、时间罗列出来，彼此之间有层次关系，且主题占画面的主要位置。

（4）准则 4：大胆留白

最想让别人看到哪里，就在首要元素的周围留白。字与字之间也一样，紧凑的间距会让文字在远看时乱作一团。

（5）准则 5：画面具有号召力

每一份海报的目的都是向人们展示内容，这些大部分"接触"都是号召人们行动，如快来购买、扫码领奖等，号召行动在海报上的体现是活动信息或联系方式的展示。

（6）准则 6：别太赤裸

如果顾客对商品没有需求，促销内容会引起反感。所以，需要用病毒式、情感式的内容吸引顾客。

（7）准则 7：考虑海报场景

海报的视觉效果会给人一种先入为主的感觉，除了各种"纲领性"文案，还可使用网络流行表情，尽量迅速吸引人眼球。

3.5 种成功的海报主题

如何写好促销文案，让商品在"促销血战"中赢得消费者关注，是每个市场团队的头等大事。其实，写好促销文案没有那么复杂，下面介绍 5 种成功的海报主题。

（1）主题 1：绝对低价

在很多超市促销文案中经常会看到，例如"全场 6.9 元起""今日特价 3.9 元起"等强调绝对低价的字样。在消费者的常规行为中，低廉的价格容易产生购买冲动。

（2）主题 2：相对低价

这类相对低价的文案，通常将"商品原价"和"当前促销价"对比，或者将"线下商超价"和"当前促销价"对比，以突出优惠力度。

（3）主题 3：限时限量

俗话说，物以稀为贵。越是稀有商品，越容易激发占有欲。在促销文案中，使用"限时限量"的促销手段，可以营造出商品稀缺、机会难得的表象，刺激下单。

（4）主题 4：社交口碑

消费者购买一件商品前，往往会参考朋友或网友的评价。促销文案中加入朋友、网友的使用信息，可大大增加促销效果。

（5）主题 5：刺激欲望

消费者购买一件商品，本质上都是为了满足某一类欲望。在撰写促销文案时，刺激消费者的内在欲望，也是很有效的方法。

第四节 生鲜超市日常促销管理

促销是生鲜超市销售的重头戏,在一般性的促销任务上,需要对促销管理、促销执行、促销反馈等方面有新的突破。

一、生鲜超市促销管理

1. 促销的 3 个目的

生鲜超市做促销,无非有 3 个目的:
① 提高销售额;
② 提高毛利额;
③ 创造良好的销售气氛,刺激顾客购买。

2. 促销的 4 个定位

生鲜超市做促销,不是为了促销而促销,每次促销,都要有具体鲜明的定位。只有定位明确,主题清晰,所有部门和工作人员保持步调一致,才能最终达到预期的效果。

(1)为谁促销

任何时候的促销都要非常明确为谁促销,就是促销要把商品卖给谁。

(2)促销优惠方式简单清晰

① 确定促销的内容范围、促销品类和数量;② 明确促销的优惠方式;③ 保证优惠程序简化,易于消费者参与,太烦琐的促销方式,会让顾客因为麻烦而拒绝参与。

(3)氛围统一

由于生鲜超市促销涉及的部门比较多,因此每个促销活动一定要保持氛围一致,不要突兀。

（4）动态促销

生鲜超市的促销要按照节日推进阶段进行，保持动态观察，评估节日前后变化。

3. 促销商品的 4 个类别

促销商品的类别有：特价商品、季节性打折商品、新上市商品、目前流行的商品。

图 5-4-1　生鲜超市促销商品的 4 个类别

（1）特价商品

商品价格下降的幅度非常大，或者包装优惠，或者有赠品。

（2）季节性打折商品

季节性消费的商品。

（3）新上市商品

新上市的商品。

（4）目前流行的商品

最新流行的商品或者随着某个潮流出现而诞生的爆款商品。

4. 促销剩余商品的 2 个原则

生鲜商品具有保鲜期短的特殊性，促销又会准备超过平日需求的货源，因此，在生鲜促销活动结束前，一定要注意控制生鲜商品的耗损。

① 要第一时间处理尾货，因为生鲜商品的保质期特别短。

② 节后销售是淡季，一定要把握好节日销售最后一天晚上的货量，促销方案要保证既能减少损耗，又能引起一个新的销售高峰。

图 5-4-2　生鲜促销商品耗损控制原则

二、生鲜超市成功促销的 4 个条件

生鲜超市每次促销活动必须有明确的目的，比如提高客单价、提高营业额、提高毛利额、提高来客数等。做好生鲜超市的促销，有以下四个准备条件。

1. 条件 1：论证促销活动方案

① 事先制定促销方案。② 促销方案可行性经过管理层会议讨论通过后实施。③ 方案确定要保证本次促销特价商品货源充足。④ 营销部和采购部充分沟通，明确特价商品的到货日期、数量，实施前各门店反馈促销品到货方案。

2. 条件 2：货源准备充分

① 品种齐全且花样翻新，把商品做深、做广，单品数量可与大型超市单品数量相当。
② 集中由 1～2 个供应商供货，且低价不收取其他促销费用，以保证进货价格低廉。
③ 超市在做季节性品类促销时，提前入季 1～2 周，争取先声夺人之势。
④ 品类促销结束后，只保留促销前原有正常品项数，其余品项商品撤架退货。

3. 条件 3：促销价格制定合理

（1）惊爆价

选择品类中 1～3 个畅销单品做品类促销的惊爆价。要求促销售价低于市场正常售价的 30%～50%，毛利率控制在 1%～5%。

（2）超低价

选择品类中 5～8 个较畅销的单品做品类促销的超低价，要求促销售价低于市场正常售价的 15%～30%，毛利率控制在 10%～15%。

（3）促销价

促销品类中的其他单品全部为正常促销价，要求促销售价低于市场正常售价的 10%，毛利率控制在 15%～20%。品类促销结束后，留下的品项售价在仍有促销库存的前提下，继续保持比市场正常售价便宜 10%，直至促销库存归零后再回到正常价格。

4. 条件 4：促销卖场陈列有创意

促销活动对卖场陈列创新要求很高，必须借助陈列体现促销的主题和气氛。

表 5-4-1　促销卖场陈列要求

序号	陈列要求
1	扩展促销品类的商品陈列面，充分利用店促区、端架、地堆，将品类促销的商品集中陈列，突出惊爆价和超低价商品
2	正常促销单品依单品陈列面满架存量的 10 倍货量下首单订量
3	惊爆价、超低价的商品加大陈列面
4	跟踪销售，对缺货商品或库存较低商品及时补下订单
5	促销结束前三天控制正常促销售价的品类单品订量，允许断缺货；对惊爆价、超低价品类单品开始缩小陈列面
6	针对部分品类促销，增派现场售卖促销员，加强引导消费，全面、细致地展现系列商品

三、店面促销管理的 4 个要点

图 5-4-3　店面促销管理的 4 个要点

1. 要点 1：促销目的明确

促销活动必须有明确的目的，如提高客单价、提高营业额、提高毛利额、提高来客数等。

2. 要点 2: 提前制定方案

事先制定促销方案，并经经理办公会议讨论方案的可实施性。

3. 要点 3: 货源准备充足

促销方案出台后，要先落实特价商品货源，采购部应积极联系供货商，明确到货日期、数量，实施前各部门店要反馈促销商品到货方案。

4. 要点 4: 促销方案可执行性强

（1）能实现全员促销

晨会传达促销活动事宜，做到人人清楚明白，全员参与促销。计算机室销售系统及时变价，促销折扣体系调整；确定促销结束后，计算机室恢复原价。

（2）卖场气氛充分

散发本次促销的广告，变更 POP 牌及标签，调整安排陈列排面和堆头，收集 POS 小票并张贴广告。

（3）赠品到位

服务台、收银台做赠品安排。促销结束后，审核赠品发放情况。

（4）广播室密切配合

店内广播滚动播放促销内容。

四、生鲜促销的 8 个原则

一般而言，利润金额不因促销而降低，促销的目标只有 2 个：一是人气，二是利润。促销是以量取胜，而不单单是价格，量越大，内部循环就越是良性。

促销提升来客数或提升客单价的效果明确。

生鲜促销大部分以提升来客数、建立价格形象为目的，以较低的售价为主要手段；差异化商品促销以推动商品认知度为目的，以买赠为手段，不破坏原有价格体系。生鲜促销应进行全面规划与分析，杜绝非计划性盲目促销。

生鲜的促销政策是在确保高来客数的前提下，以保持赢利水平为目标。成本控制也是促销时必须考虑的问题，一定的投入必须达到相应的效果。

图 5-4-4 生鲜促销的 8 个原则

1. 免费

免费既包括费用，也包括额外的要求和条件。参与活动的门槛越低，覆盖的人群越大，能够发现和获得的目标顾客就越多。但要考虑根据目标顾客特征设定额外的条件和要求，进一步提高活动的顾客转化率。

2. 简单

活动规则设置要简单，因为越复杂的规则，用户越不耐烦。简单也是对企业活动策划的基本要求，规则设置过多，会令用户分心，往往活动效果并不尽如人意。

3. 透明

如何获得活动设置的奖励？是否获得了奖励？谁最终凭借什么条件获得了奖励？整个流程公开透明，可查可证，不仅是和参与顾客最好的沟通，也会极大降低后续的无谓投诉。特别是抽奖类活动，必须对中大奖甚至所有中奖客户的信息进行公示，以示公平。

4. 有趣

店面的活动设计应该就像游戏一样，不断推陈出新。有趣能够吸引更多顾客参与，也能够激发顾客新的自娱创造，从而推动信息扩散，再度提升效果。

5. 实在

吸引客户参加活动只有 2 个原因，一个是有趣的互动过程，另外一个就是实实在在的优惠。也就是说，顾客参加营销活动，购买商品获得的价值应该是实实在在的，会令客户真正认可的这部分价值。

6. 热闹

活动互动方式的策划需要考虑怎样才能做到热闹，即营造热烈的现场氛围，吸引更多的人过来参与。有声光效果、参与人数多、人员动作幅度大等因素需要考虑。

7. 可累积

利益的累积能够充分调动参与顾客的积极性。如顾客可以拿三个普通奖品换一个三等奖奖品，那么，每位参与顾客都会变成自己的传播员。但这一规则不能无上限，而是在一定的限制条件之下，比如"最高三次"的限制。

8. 可兑现

获利的兑现要细微并及时下发。奖品并不一定要大，可以是一罐饮料，也可以是其他小型激励，随时兑现与汇总兑现都应该被允许。

五、促销筹备的 7 个要素

促销筹备中要体现稳当、特色、鲜明；在技巧的合理配置上，对技巧保鲜、困难、问题的考虑要比技巧展示重要得多。

无论是环境的变化、促销难度的加大、成本的提高，还是管理的困难上，促销合理的本身控制都是很重要的。

图 5-4-5　促销筹备的 7 个要素

1. 要素 1：促销装扮

促销装扮分为技术装扮与服务装扮 2 种。技术装扮指的是商品、台面的装扮；服务装扮指的是环境、条件、人员等的装扮。所以装扮这个环节的意义非常重要，如何运作，需要根据不同的促销与企业、商家而论。

2. 要素 2: 促销台面

促销台面醒目、有节日氛围，可使用多种科技含量较高的手段来吸引消费者的眼球；声、光、电等包装的增加，将是对台面的最好装扮。从延伸角度看，促销台面需要有外围引导，比如门口、导购台、咨询台、引导员等，多处需要标识商品的对象，集中延伸展示才是综合促销平台的落脚点。

3. 要素 3: 促销环境

只有人为制造环境与整体环境互相作用交织，才能显示出环境效应。好环境能够创造效益，能对促销的心情有很大帮助，所以在布置或选择促销环境的时候，对于人文环境的首选，越来越受到重视。

4. 要素 4: 促销人员

促销是瞬间的购买行为，比较感性，有好的亲和力将是现代促销技能的首要保证。所以对于促销人员要有明确要求，即以规范使用与亲和力相关的礼仪为必要的辅助目标；构建系统的商品促销规程，注重对区域文化的建设性提炼；将商品与消费者、商品与环境、商品与服务等多种联系有机利用，为自己找寻最佳的服务标准。

5. 要素 5: 促销技巧

促销技巧在日常的应用中，主要是通过把促销的一些手段用在促销的过程里面，使促销成为消费者过节日的标志，也是适应消费需求的一种表现，实际上是把促销按照不同的规程，在有效的时间段内，做出不同的摆设，这样将使促销的含金量有所提高。

6. 要素 6: 促销时限

设置促销时限是目前比较流行的做法，比如在节日的第一天，节日的消费时段，通过限定消费时间来鼓动消费，在固定的时间内满足促销的需求。

7. 要素 7: 促销氛围

控制好促销的氛围是很重要的，一般在节日中间，氛围比较统一，以喜庆为代表，但在不同场合或者不同商品上有所区别。要表现出主动的促销氛围，主要展示促销氛围个性，比如重促销手段，而轻商品功能；重促销礼物，轻促销承诺等。

六、促销主题及促销选品

促销是生鲜经营的重要环节，是提升生鲜商品销售业绩惯用的"工具"。在生鲜超市的促销关口上，理性促销与细心促销是抓住顾客的关键落脚点。

1. 4 类促销主题

① 社会责任主题，突出生鲜超市的绿色营销；② 浓厚情感主题，显示价格及品种优势；③ 提升形象主题，贴近生活，宣传服务；④ 创新主题，以不变应万变，创新促销模式。

图 5-4-6　生鲜超市促销的 4 类主题

2. 4 种常见促销类型

一个好的促销主题会产生很震撼的效果。所以，应针对整个促销内容拟定有吸引力的促销主题。

常见的促销类型一般有 4 种：开业促销活动、年庆促销活动、例行性促销活动和竞争性促销活动。

生鲜超市促销有 2 个关键：

①"新"，即促销内容、促销方式、促销口号要富有新意，这样才能吸引顾客；

②"实"，即简单明确，顾客能实实在在地得到更多的利益。

3. 促销选品 5 要素

促销最怕的就是照本宣科，流于形式。促销活动要有合理的计划，并做好充足的准备工作。毫无章法和特色的促销活动意义不大，所以对于促销，第一步就是要确定好目标和促销选品。

（1）要素 1: 促销点

促销品类是日常生活中使用率高、易消耗或时尚性的商品，是属于小分类的商品，而不是大分类或中分类的商品。

（2）要素 2: 促销面

在品类促销期内（一般为两周），超市可将品类商品的促销单品数量扩展至正常单品数量的五倍以上。例如，某生鲜商品正常销售期时可能只有几个单品，而做品类促销时可扩展至几十种甚至上百种各式各样的单品，即：可把一个商品点放大、做广、做深，成为一个面。

（3）要素 3：毛利率

促销最理想的状态是在合理范围内尽量减少促销活动的成本，且最大限度地增加销售额。全店的毛利率不因品类促销而全线降低，即：品类促销的毛利率不低于 15%。

（4）要素 4：销售额

为全店销售带来额外的销售额，即：此品类促销不蚕食本店其他品类的销售额，但可以严重蚕食竞争对手同品类的销售额。促销商品最好是季节性商品或一次性销售商品，这样不会蚕食该品类在本店的销售额。

（5）要素 5：顾客面

可以以此品类商品的促销带来更多的客流，带动全店其他品类商品的销售，即：品类促销面对的顾客面要广，多在 20～50 岁的女性消费者身上下功夫。

图 5-4-7　促销选品 5 要素

4.5 类最适合促销的商品

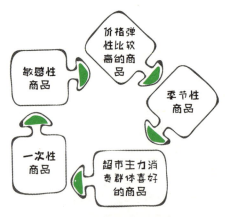

图 5-4-8　5 类最适合促销的商品

（1）季节性商品

季节性商品可以提前入场，提前满足消费，能获得较高毛利及竞争热浪前的第一波消费。

（2）超市主力消费群体喜好的商品

密切关注主力商圈消费群体的商品选择，如：社区店的学讯商品、菜场店的调味品；加大促销商品的包装规格，降低商品平均单价。

（3）一次性商品

一次性商品主要用于推出 C 类品牌，争取额外销售，避免冲击固定品项的日后销售。

（4）敏感性商品

敏感性商品属于低值易耗、需求量大、周转快、购买频率高的商品，以低付出惠及更多顾客，创造低价形象。

（5）价格弹性比较高的商品

这类商品主要是指：生产门槛低的商品、资源丰富的商品、容易替代的商品、品牌性弱的商品。

5. 4 种促销商品销售方式

表 5-4-2　4 种最常用的促销商品特点及销售方式

序号	类别	内容
1	特价商品	商品特点：价格优惠、包装优惠、赠品、数量有限、时间有限 销售方式：堆头陈列、广播、POP、叫卖
2	季节性商品	商品特点：符合季节、符合风俗、尝鲜、上市时间短 销售方式：特别陈列、试吃、面销、广播、POP、叫卖
3	新商品	商品特点：新品种、新口味、新营养 销售方式：抽奖、试吃、面销、广播、POP、叫卖
4	流行商品	商品特点：营养、安全、符合健康、美容、减肥 销售方式：特别陈列、叫卖、POP、面销、试吃等

七、生鲜超市常用的 4 种促销策略

1. 策略 1：加工商品策略

根据消费中的餐食加工者和用餐者、加工地点和用餐地点的不同，生鲜食品的消费形态可细分为内食、外食、中食。

（1）内食

主要指传统餐食加工消费方式，主厨和用餐者都是消费者家庭成员，做饭的厨房和用餐地点也在家里，外购做饭所需的原材料，但整个餐食的加工和消费过程是在家庭中完成的。

（2）外食

主要指在外用餐形式，主厨者以及厨房和用餐地点都在消费者家庭以外，整个加工和消费是在家庭以外的地点完成的，用餐者则有多种组合方式。

（3）中食

近年逐渐流行的用餐方式，其加工者和加工地点是在家庭以外的加工场或超市完成，加工品一般是半成品，消费者则以家庭成员为主，用餐地点可以在家里也可以不在家里。

（4）商品配置

在体现专业化的生鲜超市中应具备较全面的消费品类，以满足消费者多方面的需求。
① 覆盖面广；② 分类清晰；③ 以内食为主，辅助外食；④ 建设超市厨房工程；⑤ 多推广中食；⑥ 合理确定辐射商品的经营范围。

2. 策略2：价格策略

汤姆·彼得斯说过："在日益拥挤的市场上，傻瓜才会进行价格竞争。赢家会想方设法在消费者心目中创造持久的品牌。"就是说，生鲜超市以价格作为销售推动力的重要性往往被高估。

（1）市场价格定位在中低端

生鲜消费需求弹性较小，属于消费频率高的需求品。经验证明，市场定位在中低端，实行优质中价或优质低价的定价策略是比较明智的价格策略。薄利多销应是生鲜超市遵循的原则。

（2）商品价格定位要灵活决策

生鲜商品价格定位策略要灵活，主要体现在分拆后商品的定价和合并后商品的定价两个方面。生鲜超市要灵活处理，运用有效计算方法合理制定价格，达到既有竞争力又实现利润的目的。

3. 策略3：购买动机研究策略

促销的目的是告知信息、说服客户、提醒客户采取购买行动。

要达到促销目的，就必须选择适当的时间、适当的地点、运用适当的营销组合策略。

首先，针对特定目标消费群体的消费行为进行深入分析，包括商品、销售和消费者购买动机；其次，生鲜超市在掌握消费群体行为的情况下，充分运用丰富的宣传方式，比如打广告、做公共宣传、举办有奖活动等方式进行针对性、目的性的促销，引导顾客消费。

4. 策略4：优化供应渠道策略

一个生鲜超市的供应渠道有2类：
① 渠道的生鲜商品进入超市销售前已事先最大限度标准化了，生鲜经营的注意力要放在减少不必要的损耗和浪费成本的生鲜损耗控制上；

② 如果供应渠道还没最大限度标准化，生鲜经营则要通过分析生鲜流通渠道"生产者 ──→ 产地市场 ──→ 运销批发商 ──→ 零售商 ──→ 消费者"，找到优化采购渠道和销售渠道建设的途径，缩短、消除传统的流通环节，建立起诸如"公司＋农户"的产销模式，或者把农户生产直接纳入超市体系。

八、生鲜促销时段管理操作

1. 时段 1：高峰期促销操作

把握好生鲜销售高峰期，将会直接提高超市业绩。通过一系列规划及合理运用，提升高峰期顾客群的好感度，从而提高生鲜各品类全天的客单价、毛利率。

很多生鲜超市晚间操作状况频出，如排面严重缺货、商品品质差、卖相差等。给顾客的整体印象是超市马上要关门。想要改变这种局面，每天 17:00～21:00，门店生鲜各品类就要开展夜市销售操作模式。具体操作如下。

（1）蔬果品类操作

① 蔬菜：16:00 开始要缩小裸卖蔬菜的陈列面，并减少上货量，保证勤添次、少添量；调整 5～6 天促销堆，裸菜与精包装蔬菜的陈列排面比例为 2:8；17:00～19:00，叶菜类商品保证基本排面；18:30 以后，菌菇类商品排面量可减少，勤上少补，保证品质。

② 水果：晚间可主推果拼果切商品，水果区域需安排专人负责切瓜、剥皮、试吃等；夜市重点针对应季、新鲜、口感好、单价高的品项，如葡萄类、蓝莓、山竹等。

（2）水产品类操作

晚间主要推散装冻品及水产类干货品项，如虾皮、紫菜、干海带、三文鱼等；夜市现流水产商品要勤上少补，随时挑选出清；17:00 开始扩大海鲜类专柜排面，冰鲜鱼要保持基本排面量。

（3）肉食品类操作

17:00 后开始缩减裸卖肉品的陈列，扩大精分切猪肉品项的陈列。安排专人现场分割销售，让晚间高端顾客能买到优质猪肉。猪、牛、羊肉夜市期间需要继续采用现场吊挂分割销售的方式进行售卖。主推袋装肉串、牛排等，鲜禽方面，少量多样陈列，突出重点单品。

（4）熟食面点、烘焙品类操作

① 熟食面点：17:00 后根据排面商品品质，安排出清；主推扒鸡、猪头肉、烤翅中等系列商品；推杂粮馒头、麻花、凉皮等；加工类豆制品分时段生产制作售卖，安排免费品尝；根据来客量调整商品制作时间，保证商品新鲜度，增加现场人气及品类销售；19:00～21:00 减少馅料商品的排面陈列。

② 烘焙：根据单品日均销售量和排面量，制定生产计划，保证 17:00 开始有新鲜出炉的商品；重点销售品项根据当地消费习惯自行定制销售计划，且要定期更换；新品、高单价商品要结合试吃、面销，引导顾客消费；主推适合第二天的早餐品项，如杂粮面包、鸡蛋吐司、哈雷蛋糕等；

19:00～21:00 专人负责裱花商品出清销售，无法销售完的商品做试吃。

（5）干货品类操作

晚间可主推蜜饯休闲简包装、干货简包装品项，易看易选，同时配合试吃、试饮，可增加顾客好感度。

2. 时段 2：节日销售

（1）销售额预估

销售额预估主要是参照去年同一节日的销售额，结合今年整体的销售趋势和主力品项的销售份额，而预估的数据。此数据应当把全店的销售额与本部门所占的比例结合起来。

（2）节前促销的商品准备

制定完备的、可操作的节前销售计划是准备的关键，促销商品准备主要有以下内容。

表 5-4-3 节前促销商品准备内容

序号	类别	内容
1	选择促销品	选择价格超出顾客期望值的新商品、特别优惠主力商品、节日人们传统热买的商品
2	商品订货	订货数量、送货时间、送货方式及赠品折扣
3	商品到货	把握到货时间、数量、质量、等级等
4	商品陈列	位置、方式、氛围以及促销人员的安排等
5	商品价格	价格是促销成功与否的根本性原因

九、促销效果评估

活动结束后必须做出促销绩效评估分析，内容包括 4 点：客单价提高率、客流量提升率、销售额提升率、促销商品销售提升情况。

促销效果评估报告的内容如下表所示。

表 5-4-4 促销效果评估报告内容

序号	内容
1	分析主力商品、促销商品、季节性商品的销售上升或下降
2	分析大组商品的总销售上升或下降
3	分析陈列的变换、陈列空间的变化
4	分析商品的质量
5	分析商品的缺货情况
6	分析全店生意的上升或者下降
7	分析竞争商品的顾客购买率
8	分析竞争对手的新商品、特价或者促销活动
9	分析本店环境的装饰、气氛的营造
10	本次商品促销的毛利分析

第六章

生鲜超市会员营销管理

第一节
生鲜超市会员制管理

零售企业影响客户购物有 5 个因素，服务感知和优惠权益是 2 个重要因素。这是企业会员制的管理方式和内容形式。

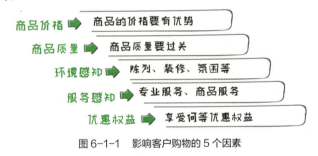

图 6-1-1　影响客户购物的 5 个因素

一、企业会员制管理

世界营销权威专家菲利普·科特勒说道："企业争取一个新客户的成本是保留一个老客户的 7～10 倍，留住 5% 的客户有可能会为企业带来 100% 的利润！"

1. 会员制的 3 种形式

会员制是企业客户忠诚计划的主要内容。采用的主要形式有 3 种：积分制、俱乐部会员制、长期优惠使用协议。

2. 会员制的 6 个核心目标

会员制营销是企业以会员制形式发展顾客，最终目的有 6 个：

提升企业效益和利润、增加市场份额、提供差别化服务、实现精准化营销、提高顾客忠诚度和回头率、增加企业长期利润。

第一节 ○ 生鲜超市会员制管理

图 6-1-2　会员制的 6 个核心目标

二、会员制营销模式设计

会员制特别适合零售型或服务型企业的营销模式。生鲜超市建立会员制势在必行。

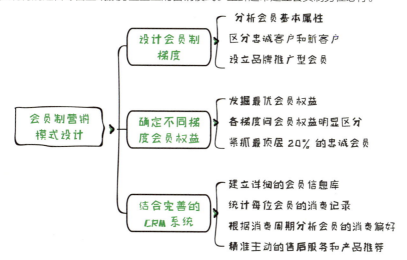

图 6-1-3　会员制营销模式设计

设计会员制营销模式可以从设计会员制梯度、确定不同梯度会员权益、结合完善的 CRM 系统 3 个方面进行。

1. 设计会员制梯度

设计好会员制梯度是会员制营销的第一步，有了合理的会员制梯度，才能刺激会员消费。

（1）分析会员基本属性

这是会员制梯度设计最基本的方法，即根据会员预留信息，如性别、年龄、职业等，将会员区分成带有明显标志的群体。

（2）区分忠诚顾客和新顾客

忠诚顾客容易获得较高的客户满意度，是企业的主要利润来源。需要企业对忠诚度高的会员单独重点维护和管理。

（3）设立品牌推广型会员

品牌推广型会员就是会为企业介绍新顾客的老顾客会员。对这样的会员，要给予不同程度的奖励。奖励方式可以是：① 品牌推广型会员可以获得一次性奖励；② 给予其分成计划，鼓励老会员介绍新顾客。

2. 确定不同梯度会员权益

不同梯度间的会员权益制定是设计会员制营销模式的重点和难点，基本原则有以下 3 个。

（1）发掘最优会员权益

根据不同行业的特性，结合地域特征，发掘出本行业最吸引客户的权益进行区分。

（2）各梯度间会员权益明显区分

比如小型零售业，一级会员享受 9.5 折，二级会员享受 9 折。但是，对于 10 元以下的商品，这种会员权益过于微小，相当于不存在。

因此，会员权益梯度区分明显才能刺激消费者主动购买，鼓励他们去冲击高级别的会员等级。

（3）紧抓最顶层 20% 的忠诚会员

"二八定律"是指企业 80% 以上的利润来源于最顶层 20% 的忠诚顾客。该定律也适用于生鲜超市。制定会员权益时，要给予最顶层顾客更多的优惠和折扣。会员权益调整时，最好做这些顾客意见的问卷调研，体现企业对这些顾客的重视，也能得到有价值的建议。

3. 结合完善的 CRM 系统

会员制营销结合 CRM 系统能弥补人工操作的弊端，实现海量会员资料存储，精确分析会员消费偏好，降低销售成本。

（1）建立详细的会员信息库

录入会员有效信息，比如性别、年龄、职业、婚姻等资料，将会员信息初步筛选。

（2）统计每位会员的消费记录

这是 CRM 系统的重要功能，也是 CRM 系统对会员制营销模式优化的重要数据支持。不只是简单记录会员消费,还要通过数据筛选,分析会员对超市商品的黏性。

(3)根据消费周期分析会员的消费偏好

根据会员属性,分析某一类型消费者的消费偏好,优化会员梯度以及不同会员梯度间的会员权益。

(4)精准主动的售后服务和商品推荐

不同梯度、不同种类的会员有不同的消费偏好,根据这些消费偏好和消费习惯,主动向会员提供售后服务,提高会员满意度。

三、会员制营销目标

除了主要目标,会员制营销还有 8 个目标需要实现。

表 6-1-1 会员制运作的 8 个目标

序号	内容
1	通过会员制计划及其活动的积极作用,提高商品品牌和公司形象
2	通过特别的促销、销售或其他活动,将客户吸引到零售网点,从而增加光顾零售店的次数
3	通过让客户将商品铭记在心来增加商品的使用和购买次数
4	针对客户的问题,形成解决问题的方案
5	通过在媒体上报道会员制组织的活动来支持公司的公关活动
6	增加客户支持能力
7	通过协助当地的广告活动以及举办特惠的展示会,来支持经销商的营销网络
8	其他特殊的目标

四、会员制目标客群管理的 4 个方法

企业实行会员制营销的目标和重要性与企业所在的行业及自身情况差异有直接关系。大多数情况下,会员制营销的目标由产品状况、产品线及公司状况决定。例如,一个新购物网站的主要目标是赢得新客户并增加知名度;一个成立已久的零售连锁超市,其主要目标是提高客户的忠诚度。

图 6-1-4 会员制营销目标的 3 个决定因素

1. 方法 1:做会员需求分析

做会员需求分析需要了解 5 类问题:

企业现有客户是谁?是哪些人在使用企业的产品和服务?他们的消费额度和频率分别是多少?目

前企业是否可以准确地跟踪客户的各种消费信息？他们的核心需求是什么？

2. 方法 2: 花精力维护主要客户

在传统营销中，最令商家头疼的是客户群不稳定。实行会员制营销的目标之一就是维持客户群长期稳定。只有确定了目标客户群，才能为这部分人选择和设计合适的会员利益。

一个企业的客户群从大的方面来说，主要有 2 类：现有客户和潜在客户。现有客户是正在使用企业产品和服务的客户；潜在客户是指购买较少的客户或还没发生购买的客户。

从本质上说，每位现有客户和潜在客户对企业来说都同等重要。但在设计会员权益时候，却不可能以同样的方式去对待每位客户。向目标客户提供特定商品或服务是最理想的会员制度管理方法。

著名的"二八定律"认为：在顶部 20% 的客户创造了公司 80% 的利润。后来，威廉·谢登把它修改为"80/20/30"规则，其含义是在顶部的 20% 的客户创造了公司 80% 的利润，但其中一半的利润被在底部的 30% 的非赢利客户损失掉了。

（1）重点维护忠诚客户

现有客户是企业的忠诚客户。会员制的主要客户群应该以为企业带来 80% 销售额的 20% 的主要客户为主。

首先，这部分客户消费占企业收入和利润的大部分。

其次，他们曾大量使用企业产品，对产品的性能、质量、待解决的问题、需要改进的领域等方面有发言权。 与这些客户充分沟通，可以有效改进产品，提高企业产品竞争力。他们是企业需要重点保护的客户。

（2）在目标客户中找出最重要的客户

会员制计划可以同时选定一个或几个目标客户群，不同的细分市场都有其特定的价值诉求和行为特征。

如果会员制的目标客户范围较大，或者之间没有很强的相似性，就需要对这个目标客户群进行细分，从中找出最重要的客户，如购买量大、与商品关联度最大、对竞争对手最有价值的客户，然后将主要精力集中在这部分客户身上。

3. 方法 3: 制定多层次的忠诚计划

企业实施会员制可能有多个目标，针对不同级别会员制定多层次的忠诚计划是比较合理的办法。

会员分级更有助于稳固和逐渐扩大会员。会员级别越高，其所提供的价值就一定越多，会员资格就越值钱。企业给予的权益和服务就越大和越贵。这样的关联关系一旦建立，就会非常牢固。

企业会员可以分为 3 个级别。

① 最高级会员，是企业重要的客户。

② 中级会员，不定期发生购买的客户。

③ 初级会员，潜在客户。

4. 方法 4: 采用多级会员资格法

会员制计划可以采用多级会员资格法。这么做的优点是适用于几个目标客户群。即使消费者从一个目标客户群转到另一个细分客户群，会员制计划还仍然满足他们的需要。

事实也证明，多级会员资格法在很多情况下非常有效。

第二节
生鲜超市会员制度建设方法

一、建立企业会员制的 7 个要求

市场竞争日益激烈，企业竞争策略由价格战和广告战转换为服务战、增值战。这是企业会员制营销出现的根本原因。

1. 要求 1：根据品牌和战略定位，制定会员体系

企业通过会员制给会员提供服务的逻辑如下。

① 创造。通过企业的会员平台，创造跟顾客的联系、沟通、参与。

② 形成。通过企业服务形成一种感动顾客，产生企业软性宣传机会。

③ 养成。促成顾客养成品牌习惯和依赖。

④ 产生。让顾客产生品牌归属感。

会员卡体系设计要注意 2 个要点：消费者心理认可度和消费有效阶梯度。做会员类型设计时，准确地使用消费者心理认可度和消费有效阶梯度 2 个要素很关键。

图 6-2-1　会员类型设计的 2 个关键要素

一般会员制最后发展的统计分布图应该是菱形，即两头尖，中间大。

① 中间会员级别，属于主要的会员类型，是企业最想要发展成会员资格的人。

② 底层会员级别，是门槛级会员。
③ 上层会员级别，是品牌标示级会员，可衬托中间会员级别的品牌性和性价比。

（1）分析顾客属性

会员体系设计要注意企业和顾客的结合。设计和制定会员类型时，要根据细分市场的顾客属性，比如年龄、消费级别、行业属性等，设计相应的会员类别。

（2）会员梯度合理性

会员体系设计特别要注意会员各级别间的阶梯度设置要有科学性。最容易出现2种情况：
① 级别设置太密，服务、折扣、积分拉不开，体现不出优势；
② 级别设置太大，会员升级难度太大，会放弃消费升级。

按心理学分析，高于基本心理承受线20%时，属于消费者愿意尝试的范围。

例如一个服务机构的消费金额为最高4000元左右，该机构按储值金额1000元（9.5折）、2000元（9折）、4000元（8.5折）、8000元（8折）、10000元（7.5折）、12000元（7折）设计6个级别，发现会员体系发展缓慢。原因就是会员级别设置有问题，没考虑到上述2个关键点，6个级别的设计犯了上述2个错误。后将会员消费级别调整成2000元（9折）、5000元（8折）、8000元（7折），会员体系迅速扩大，效益大大提高。

2. 要求2：保持会员增值服务全盘规划和连续性

企业实行会员制，是利用企业服务平台提供与顾客重复见面和沟通的机会，让顾客对企业活动和品牌产生习惯和依赖。

很多品牌在会员增值服务中会设置很多新奇的点子，如生辰俱乐部、血型座谈、亲子教育、家庭竞赛、妈妈秀等，但也有如下问题。

① 很多活动缺少全盘计划。如果经常临时通知会员，会员就感觉不到系统性，没有稳定感和自我把控感。

② 活动参与度低，主题不够具有吸引力。就是会员活动的主题性不够具体。闹闹哄哄的一场活动下来，会员没有什么实质性收获，企业没有增加会员量或者消费金额。

图6-2-2　企业会员活动容易出现的2类问题

为了防止这些问题，企业需要做到以下 2 点。

（1）超市常规活动板块和举办时间固定

会员中心应该在上一年度末就将下一年度的会员服务计划告知会员，让会员能感受到全年丰富的增值活动，提前获得收获感、增强期望值和忠诚度，为了消除刻板，偶尔可设计一些惊喜，给会员一点意外。

（2）主题活动设计做到环环相扣

会员活动不仅要围绕企业，还要在两次活动间有阶梯和价值点，会员参加完本次活动后，会对下次活动产生期望。

企业通过会员制度实施增值服务，本质是借助活动对会员进行"润物细无声"的销售。效果有两点：一是能促进商品销售；二是不会太过功利，适得其反导致会员抗拒。

3. 要求 3：会员平台能为客户提供参与和社交服务

企业建立的客户平台，就是一个企业的客户网，这个客户网的本质是通过会员卡系统进行客户关系治理的衍生物。企业客户网的激活和维护主要依赖企业的会员活动。

会员活动不是表演秀，而是顾客情感体验和升华的营销。会员活动设计有以下两点要求。

① 注重活动的会员参与性。从这个角度说，用大牌明星演出还不及做一次会员拓展更让人记忆犹新。

② 满足会员的商务和社交需求。企业会员需要交友平台和商务平台。比如目前市场上客户基数巨大的手机应用软件，就是基于用户的社交需求，迅速积累和聚拢了海量目标客户。从这个角度说，企业建立一个完善的企业客户网和社交平台，对企业开发老客户的新需求非常可行和必要。

图 6-2-3　企业会员平台需要提供的 2 种价值

4. 要求 4：让会员增值量化

很多超市会发放会员卡，但只有少部分顾客会去使用，更别说主动攒积分。原因是超市会员设置不清晰，会员积分返还不实惠，会员对会员卡积分价值没有具体的认知。

另一种做法，比如明确规定会员 100 个积分可以拿到一张 5 元代金券，就能让顾客感觉更直接。因此，会员的制度设计需要注意 2 点：

① 会员增值活动不仅要做，还要让增值量化，从而产生消费攀登；

② 会员增值服务要定期量化给会员。

例如，CRM 系统统计顾客平均每星期消费 500 元，超市要用系统提醒会员："尊敬的 ××× 会员，您好，感谢您对我们一直以来的厚爱，您现有积分 ×××，如一年内获得积分 ×××，年底可直接换取价值 200 元的物品一个（任意选择）；如果一年获得积分 ×××，年底可直接换取价值 500 元的物品一个（任意选择），祝您购物愉快！"

这样的提醒和引导，会让顾客更有消费动力。

5. 要求 5: 可被执行的会员卡销售能力

会员卡销售是一个全面、综合的营销活动，企业的会员制度是否能完善，一个检查标准就是企业会员卡的销售能力。销售管理要遵循以下 2 个原则。

① **事先制定清晰的目标，明确提供的服务项目和费用预算的范围**。会员制营销要做到每项活动之初，都在企业的预算和规划之内，以防止活动和计划超出预算而不能执行。

② **主动关心会员并引导会员积极参与企业活动才是成功的会员营销**。会员加入仅是开始，顾客成为会员后，能否主动参与、关心企业活动才是根本。企业必须明白，如果消费者入会后却将会员卡束之高阁，就是失败的会员卡销售。

6. 要求 6: 建立完善的 CRM 体系

建立完善的 CRM 系统是企业顾客管理、个性化服务和营销设计的关键。

（1）建立详细的会员信息库

企业要建立详细的会员信息库，包括消费者性别、年龄、职业、月平均收入、性格偏好、受教育程度、居住范围等；记录消费信息，包括会员此次消费商品的品牌、型号、价格、数量、消费时间等，为企业以后的增值服务提供可靠的依据。

（2）分析会员消费记录

企业可根据会员消费历史记录进行分析，得出每位会员不同的消费偏好，并根据消费者消费时间的记录，分析会员消费某一商品的周期。

这些数据还是企业新品开发、广告策划、营销策划、客户分析的关键依据。

图 6-2-4　会员消费记录分析的 4 个价值

（3）向会员寄送符合其消费个性的信息

企业在合适的时间给会员寄送符合其消费个性的商品信息，进行有效的广告宣传，或者直接在合适的时间将某种商品送到合适的会员手中。让会员感觉到企业时刻的关心，建立起消费者与企业间的感情。

7. 要求 7：用战略联盟升级会员体系

消费者手中拥有多种名目的会员卡，这是保存的不便之处。企业间应该让会员数据资源共享。

（1）跨行业合并会员

将不同行业的企业会员卡合并起来，为会员提供服务。做法是：会员只要是其中一家企业的会员就可以使会员卡在不同行业的指定公司享受会员服务。合并会员卡系统，可以非常方便地使多个企业共享市场、共享消费者。

跨行业合并会员的好处有 3 个：

① 给会员带来方便并提供增值；② 减少企业的会员投资；③ 发挥"1+1＞2"的会员资源价值。

（2）重构企业会员的价值模式

合并会员卡系统的实质是建立了企业联名的会员卡。此时是企业重构会员价值模式的机会。企业可以从以下四个方面重构会员的价值模式：

① 多个企业发展客户，使客户面更加全面，客户消费喜好和特征更清晰；

② 企业联名会员卡，让潜在消费群体的相关信息增加，不同企业间会员待遇共享，使企业的营销机会增多，成本降低；

③ 企业可以通观全局，全方位、人性化地为客户提供服务和帮助。

④ 会员拥有企业联名会员卡，消费者更容易轻松愉快地完成相关联的系列消费活动，企业更容易获得嵌入消费和促销活动机会。

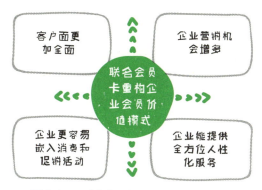

图 6-2-5 联名会员卡重构企业会员价值模式

二、企业会员管理的 4 个条件

会员制度的建立,需要硬件和软件两方面共同支持,具体说有 4 个前提条件:

① 建立信息平台;
② 设立信息采集点,制定门店和专人负责信息采集、归纳和整合;
③ 构建活动策划组,根据各个时段的货源、销售情况等因素,策划相应的活动;
④ 成立俱乐部监管部门,负责监督实施过程,接受消费者投诉。

三、构建企业会员制的 4 个内容

美国西北大学凯洛格商学院教授、整合营销创始人唐·舒尔茨曾预言:"零售商未来的成功模式只有 2 种,一种是沃尔玛模式,即通过提高供应链效率,挤压上下游成本,以价格和地理位置作为主要竞争力;另一种是 Tesco 模式,即通过客户数据了解和建立良好的客户关系,将客户忠诚计划作为企业核心竞争力。这没有任何中间路线。"

企业建立会员制度,要明白会员制度最基本的 4 个内容。

图 6-2-6 会员制最基本的 4 个内容

1. 内容1: 发放消费代金券

方便实惠的积分卡最容易吸引很多会员的兴趣,特别是生鲜超市会员,基本是以家庭消费为主。生鲜超市的会员积分规则要做到尽量简单,让客户从自己的消费数额中得到明确的奖励。每隔一段时间,企业要保证会员能将客户的累计积分换成"消费代金券",并便于领取和使用,提高会员的客户自发使用率。

2. 内容2: 建立顾客数据库

建立企业会员卡的生鲜超市,通过客户付款时出示会员卡,能掌握大量翔实的客户购买习惯数据,了解每个客户每次的采购总量、商品消费偏爱、商品使用频率等。一旦拥有了周边客户群准确的消费者数据库,知道每个家庭每个星期的生鲜商品开销,就拥有了精准的商品营销能力。

3. 内容3: 明确会员基本权益

"会员制"会员能享有多少优惠权利,决定了企业会员的有效率和活跃度。会员可以享受的基本权利有四类:

① 比非会员更优惠的价格;② 可享有上门送货等专项服务;③ 定期得到门店资料和促销计划;④ 可参加由主办方组织的各类会员活动。

4. 内容4: 提供稳定的会员服务

(1) 满足会员归属感

金钱和物质不是刺激会员反复消费的唯一动力,人与人之间的友情、安全感、归属感等社会和心理欲望的满足,也是非常重要的因素。

会员制就是通过建设沟通渠道并保持经常性沟通,以强化会员归属感,让每位会员都感到备受尊崇。

(2) 提供会员价格优惠

企业会员制通过办理会员卡,给予会员特定折扣或价格优惠,建立比较稳定的长期销售与服务体系。每个实行会员制的企业都会为会员设置一套利益计划,如折扣、积分、优惠券、联合折扣优惠等。

越来越多的企业案例显示,价格在培养客户忠诚度方面的作用正日益下降,单纯价格折扣的吸引会使客户易于受到竞争者类似促销方式的影响而转移购买。会员制应从有效利用价格策略上,在保持会员稳定的前提下尽可能减少价格优惠对收入的影响。

(3) 提供特殊的会员服务

服务策略可以培养客户的方便忠诚和信赖忠诚,优质的服务使客户从不信任到信任,从方便忠诚到信赖忠诚。

例如，为每个会员建立一套个性化服务问题解决方案，定期、不定期地组织会员举办不同主题活动，这些特殊的服务能有效增进企业与会员、会员与会员之间的交流，加深他们的友谊。

四、会员转化的 4 个方法

在网络社群时代，传统的用户唤醒方式已失效，每个销售企业都觉得把客户从 1 做到 100 非常困难。如短信唤醒对用户产生很强的打扰，小程序本身唤醒能力不足。

在促进新用户转化为会员方面，需要新的手段和方式。

1. 方法 1: 高折扣

为新用户准备多款 1 折商品，提前体验会员权益和服务。用折扣、返利刺激二次复购，形成购买习惯。

2. 方法 2: 强刺激

在所有商品下面展示会员价和折扣，同时购物车页面提示本单会员价优惠的具体金额。在小程序玩法上，不使用太多邀请机制；应更关注会员等级，等级越高，返券金额越多，折扣越高。本质上希望用户能在平台上继续消费。

3. 方法 3: 建立会员社群

每家生鲜超市最好都能建立自己的会员社群。店长负责社群维护，包括社群信息规范。社群营销是联络周边客群的工具，使生鲜超市前后端联动，线上、线下一体化贯通，为生鲜超市做"电商爆款"引入搭建销售平台。

4. 方法 4: 管理会员忠诚度

会员忠诚度指的是因为会员满意而产生的对某种商品品牌或公司的信赖、维护和希望重复购买的一种心理倾向，是会员与企业关系的紧密程度及会员抗拒竞争对手吸引的程度。

（1）会员忠诚度表现

只有当会员具备以下五点特质的行为时，他才是企业真正的"忠诚会员"：① 周期性重复购买；② 同时使用多个商品和服务；③ 乐于向其他人推荐企业的商品；④ 对于竞争对手的吸引视而不见，对企业有着良好的信任，能够容忍企业的偶然失误。

（2）促进会员达到行为忠诚

会员忠诚有多个层次的含义。基于对商品质量的评价能打开通向忠诚的大门。没有令人满意的商品表现，就无法形成情感和意向的忠诚。

① 认知忠诚。指经由商品技术信息直接形成，认为该商品优于其他商品而形成的忠诚，这是最低层次的忠诚。

② 情感忠诚。指使用商品持续获得满意后形成的商品偏爱。

③ 意向忠诚。指客户十分向往再次购买商品，不时有重复购买的冲动，但这种冲动还没有转化为行动。

④ 行为忠诚。前面三个层次的忠诚，易受环境因素影响而产生变化。当企业的竞争对手采用降低商品（或服务）价格等促销手段，吸引更多的会员时，一部分会员会转向购买竞争对手的商品（或服务）。行为忠诚则不易受这些环境因素的影响，是真正意义上的客户忠诚。

第三节
生鲜超市的会员营销管理

一、会员营销模式创新的 4 个手段

越来越多的线下实体商家开始搭载更多吃喝玩乐的体验服务,在满足消费者物质需求的前提下,服务模式的创新带来了各方面的极致体验。

图 6-3-1　会员营销模式创新的 4 个手段

1. 手段 1:线上、线下打通融合

尽管生鲜零售业目前的行业集中度仍然较低,但其格局已发生变化。线上、线下融合已经成为趋势。线上生鲜电商转型"O2O"(线上到线下)模式,同时发展线上电商业务和线下门店业务。

以小象为例，其生鲜商业模式有以下特点。

图 6-3-2　小象生鲜商业模式的 3 个特点

（1）大数据应用

小象生鲜是美团旗下"线上+线下"社交电商平台，利用美团现有的大数据，在餐饮上紧扣家庭需求。中餐、日料、铁板烧、海鲜等六个餐饮档口让消费者可以随逛随吃、家庭聚餐。另外设有小象课堂，可以定期演示菜品、教授烹饪技巧，增加消费者互动体验空间。

（2）"快手菜"满足便利需求

在生鲜售卖基础上融入海鲜现场加工堂食，并且设有美食课堂、小象农场等，希望满足家庭体验式消费的需求。与此同时，针对年轻都市家庭的快捷、便利需求，重点推出净菜半成品，借助美团配送的力量，线上订单最快可 30 分钟配送到家。

（3）线上、线下顺利导流

出身于美团，小象生鲜与传统零售商相比天生自带线上基因，而美团方面将小象生鲜与其"互联网+生活服务"平台各业务板块联动，实现了线上流量的线下导流。

案例
美团买菜的粉丝激活术

美团买菜以生鲜电商和社区化服务为切入口，主打"层层严选的品质商品、高竞争力的价格、准时快捷的配送体验"，让用户足不出户即可买菜，最快 30 分钟送上门。同为线上付款下单，线下 30 分钟配送到家，用以支撑线下业务的盒马鲜生依托阿里，全部消费都是通过 App 以支付宝付款，形成消费闭环，便于沉淀数据、勾勒人群画像和进一步的个性化推荐及精准化营销。

App 主要为一日三餐所需食材，主打高频次、低客单价的消费场景。交易模式是在社区内设立集仓储、分拣、配送于一体的服务站。服务范围内的社区居民在 App 端下单选购食材后，美团将从服务站拣货，设立专职的配送人员。

2. 手段2：提供社区团购服务

社区团购服务是指顾客以社区为单位、以公司为依托，集体与产地、市场进行交易的购买方式。社区团购以生鲜切入，集中在二、三线城市，以依托宝妈或便利店等为主要服务模式。

（1）社区团购模式

社区团购是基于线下真实的社区，通过微信群采用团购预售的模式，将社区零散需求凑到一起下单再统一发货到社区的一种购物模式。社区团购与聚划算、拼多多、微商相比具有3个特点。

① 社区团购建立在微信群的基础上，用户就是社区邻里。
② 建立自己的小程序平台，商品选品由社区团购公司负责，且以低价高频食品生鲜为主。
③ 社区团购有社区自提流程，自提点一般是微信群里团长的家。

图6-3-3　社区团购的3个特点

（2）社区团购模型及流程

① 商品。核心品类以生鲜水果和日用品为主。由于生鲜水果具有刚需、高频、高复购率、高黏性的特性，有利于在社区场景下培育消费习惯。

② 区域。社区团购集中在三、四线城市。与一线城市相比，三、四线城市购房压力小，剔除房贷后可支配收入可能反而高于一、二线城市。

③ 社区团长。对象主要是便利店主和宝妈两类人。

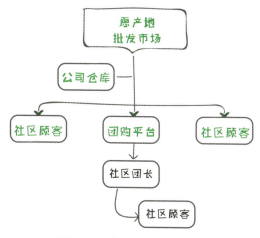

图6-3-4　典型社区团购商业模式

（3）社区团购成本降低方法

社区团购最大的优势在于低成本，表现在极低的获客成本和履约成本两方面。在获客成本方面，团购平台依托宝妈或者便利店，将社区顾客快速集中在一个微信群里，免去上门配送环节，极大降低了"最后一公里"成本。因配送距离短，采取简单包装，可将履约成本降至5%以下，省去房租和人力成本。批量采购在上游也可拿到更低的采购价格。

（4）社区团购核心驱动力

团购作为一种多年来被重复验证过的业务模式，经历了从Web端到App再到微信小程序的发展和迭代。在微信生态下，拼团、代理等概念被拼多多、微商们普及过一轮，消费者非常熟悉类似玩法。微信生态中尚未被网购触及的约5亿下沉人群俨然是新的流量红利。

案例 分析
厦门团购业务

在厦门，开放的社区团购平台有美家优享、朴朴、宅小鲜、每日一鲜等。简单来说，就是居民通过社区团购平台，在手机上直接下单买菜，菜价低于超市价，免运费，并且第二天就能送到小区，居民可以找社区团购的团长自提货物。打开社区市场，平台能够自然获得社区流量。

"团长"帮平台卖货，依靠社群效应聚集用户，同时可获得一定佣金，货物基本实现次日达。在"团长"搭建的微信群里，社区居民可以通过小程序购买生鲜或日用品。"团长"每晚10点前结单，当天下单的商品将于次日早上七八点由平台配送到"团长"手中，代为分派，基本可实现次日达。这种依靠社群效应聚集起来的用户，通常黏性更强。

3. 手段3: 建立生鲜社群营销

社群营销已经成为一种商家必要的营销手段，其主要内容是圈住用户群体、做好粉丝精耕，促进客户二次转化，提升老客户复购率。

图6-3-5　生鲜会员社群营销的3个步骤

（1）步骤1：搭建社群框架，邀请首批种子会员

邀请核心成员，建立小区交流群，初期邀请邻居好友入群将其作为核心成员培养。作为群主，编辑群介绍告知群用途，并通知群成员在这个社群内部会有商品购买优惠、进口商品打折等信息。

（2）步骤2：制定群规则

制定群规则及相应的惩罚机制，群规则会促进群发展。

（3）步骤3：运营社群活动

① 产品运营。通过物美价廉的商品，利用9.9元和19.8元特价爆品推动，引起社群成员自发宣传。
② 每日话题。通过提问的形式开展，也可分享周围的新鲜事或停电、停水公告等，让社群生活化。
③ 优质内容。包括每天社群生鲜水果有关的内容输出，以及明日预告，为第二天的爆品做预热。

案例
菜咚菜社群营销的6个手段

社群营销能聚集的人群，是通过熟人延伸到陌生群体，最后形成一个具有相同行为导向的用户群体。菜咚菜社群是基于会员的"熟人式"分销，将用户延伸到陌生群体，再利用活动营销进行用户收割，形成统一社群，最终达到产生购买行为的目的。

图6-3-6 菜咚菜社群营销的6个手段

（1）品牌定位——家庭套餐宅配服务

分为单次体验套餐、月度/季度/半年/全年有机尊享套餐，以家庭为单位每周配送菜品。

（2）粉丝精耕——借力微盟，玩转社群营销

打通线上渠道，为圈住自己的用户群体做好粉丝精耕。

（3）规则引导——微盟旺铺

以微盟旺铺为中心，利用微盟基础后台和定制开发的自有充值系统或发货管理计划，打

造出集套餐、单品购买、发货管理、会员服务、客户分销、活动营销为一体的线上平台，规范用户购买渠道，统一用户购买行为，达到促进购买、提高销量的目的。

（4）人工引导——会员分销

"目标客户（高额分销佣金/优惠政策）→类似需求的团体→微信群（客服/KOL引导）→微商城购买行为"，利用微盟分销系统，设立高额佣金以达到最大限度吸收新客户的目的。

（5）活动引导——营销活动

营销活动是吸收新客户、提高客户活跃度、增加客户忠诚度的有效手段。利用优惠活动，增加客户黏性，促进老客户二次转化。

（6）社群助力——"饥饿营销"

以微商城为基础，利用社群营销法则，用微信群圈住客户，将客户的购买行为引导到商城。

4. 手段4：利用小程序做生鲜销售

生鲜行业一直和百姓民生息息相关，微信小程序的出现，给生鲜行业的发展带来了机会。

（1）利用小程序做两件事

① 生鲜小程序让新鲜到家。生鲜店自主运营小程序，可以不依赖第三方平台，还可以自主发挥自我服务特色。如今很多用户都选择线上邮购水果，价格实惠，商品新鲜，且省去了到店挑选的时间。

② 生鲜小程序预定带动消费。生鲜最大的质量标准就是新鲜。作为生鲜超市，最忙碌的环节就是准备环节：进货、分类优选、包装、上架、等待售卖。这一过程会使商品新鲜度下降。通过生鲜电商小程序预定生鲜及水果，不但可以保障用户到手的新鲜性，一定程度上也可均化店铺劳动力分配。

（2）利用生鲜小程序实现4个价值

① 增加生鲜销量；② 改善消费体验；③ 减少门店运营成本；④ 增加店铺品牌知名度。

（3）充分开发生鲜小程序的9大功能

① 商品展示。将生鲜商品进行分类，并以图文或者视频的形式展示给用户。

② 在线下单。用户在看中商品展示后可直接在线下单，支持多种付款方式。

③ 定位功能。用户通过小程序入口进入小程序，自动定位展示附近门店。

④ 预约送货。用户在线下单，可选择立即配送，也可自选送达时间。

⑤ 订单管理。方便顾客查询已下订单，时刻定位配送员的位置和联系电话。

⑥ 配送员送单。消费者下单后选择配送，平台收到对应订单信息后安排人员送单。

⑦ 节日营销。通过生日送祝福、消费奖励、优惠券赠送来提高到店人流。

⑧ 促销工具。包括秒杀、限时抢购、团购、满额返、分享红包等。

⑨ 经营数据分析。包括销售排行、营业分析、客户分析等。

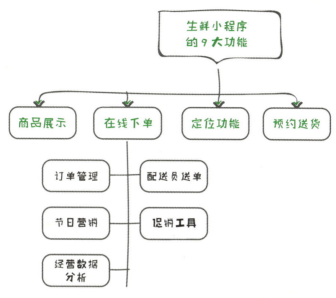

图 6-3-7　生鲜小程序的 9 大功能

（4）用小程序提供快捷服务

对线下生鲜超市门店来说，经营好"门店三公里"范围内的消费者，是一个生死攸关的命题。微信和小程序的出现，给生鲜商家带来了诸多意外惊喜。在营销方式上各出奇招，解锁卖货新技能。

① 服务 1：线上下单、门店自提。以线上下单、门店自提为增长的重要模式，通过微信公众号沉淀客户，借助软件服务商搭建线上店铺，每周定期开展拼团、优惠券发放等活动。以公众号推文、服务通知等形式触达客户。吸引客户线上下单，到店自提，以此拉动线下门店的客流量和转化率。为活跃用户，在微信和 QQ 组建社群，深度运营客户。

② 服务 2：线上预售、到货配送。生鲜是极易损耗的商品，很多生鲜商家走起线上预售、到货配送的路线。预售模式对于供应需求的把握更加精准，能够有效降低损耗。

③ 服务 3：以小区为据点，开展社区团购。以小区为单位发展小区团长，团长通过微信分享发展客户、分销商品，商家直接把货发给团长，团长就近配送。这种模式迅速在国内复制扩张，生鲜商家趋之若鹜。

④ 服务 4：朋友圈广告投放。除上述方式，社交广告投放也是生鲜实体门店获取流量的重要途径。通过朋友圈投放广告，定向推送给门店 2~3 公里范围内，锁定年龄层及过去规定天数范围内有购买行为的用户。

案例
小程序玩转生鲜——每日优鲜

微信覆盖的用户有着横跨各个年龄层的购买潜力，小程序背后是巨大的微信人口红利。每日优鲜小程序发展新用户的数量已经占到所有新用户的50%，GMV（成交总额）的总占比也达到了1/3。无论是发展新会员还是新会员转化，都已成为支撑其业务的重要部分。

（1）用小程序打造"云冰箱"

在微信服务号上建立H5商城，业务模型跑通之后做了App。每日优鲜认为小程序是承载"云冰箱"最好的载体，主要理由有三个：

① 小程序是微信生态级的产品，值得期待；
② 小程序的社交属性为流量获取提供了更多可能；
③ 轻量级的形态，能够让用户更便捷地体验到核心服务。每日优鲜开始陆续把微信体系内的H5商城替换为小程序版本，逐渐形成小程序和App齐头并进的业务模型。

（2）小程序完成客户"拉新"和"裂变"

尽管App功能与流程健全，但小程序的进入门槛很低，不需要下载和额外设置，可直接在微信群、朋友圈直接触达，避免不同端口间来回跳转的留存损失。

场景不同、用户不同，小程序的定位在于"拉新"。"社交化裂变"几乎是免费的流量渠道，只是要求有正确的场景和创意。这种低成本的流量渠道，不靠价格吸引用户，其特点是"快"和"好"，这也是小程序裂变玩法紧扣的两点。

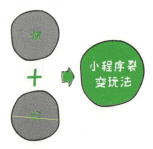

图6-3-8 小程序裂变玩法

① "快"。推出类似"慢必赔"的裂变玩法，邀请好友助力，若生鲜未能准时送达，助力好友就能获得优惠券。这在拉新的同时还教育了用户，突出了"快"的形象。

② "好"。结合微信LBS拼单功能，将同一个地方十单并一单，无须再次分拣包装，直接送达楼下，让用户拿到价格与质量兼得的商品。

案例
冠超市龙翔店

冠超市龙翔店面积较大，便于购物体验、情感互动等元素植入与氛围营造，并且注重顾客体验。包括门店氛围营造、货架选择、墙壁装饰等都与顾客之间产生情感互动。其中，外租区涵盖儿童娱乐区、休闲餐饮区等。

门店内有许多与顾客"情感互动"的地方。例如，家庭DIY乐趣烘焙，周末带着孩子就可以体验家庭DIY的乐趣。紧邻乐趣烘焙的就是冠超市的冠吧，不仅可以作为顾客的休息处，还可以为消费者提供更多便利服务。

从商业模式的角度看，其业态成功创新有以下2部分原因。

图6-3-9　超市卖场内休闲区位置设计

① 在为用户提供交付物方，增加了现场烹制和休闲两个服务。同样是增加用户在超市的停留时间，手段变为通过直接提供就餐和休闲服务留住用户。

② 把超市变成了社交休闲的场所，在客户关系上，从超市顾客，变成了食客。超市的功能属性变成了超市、参观、休闲综合体。

二、企业会员卡营销问题

会员制营销成功与否，需要通过问卷调研来综合测试。借助客户问卷答案来评估企业会员卡设置得是否吸引会员。

表6-3-1　测试会员卡销售成功与否的20个问题

序号	问题
1	你有多少张卡
2	3个月内你是否去过该卡的企业消费
3	消费时是否出示会员卡
4	能享受多少折扣？此折扣吸引你吗
5	该会员卡积分怎么算
6	按照你的消费水平，一年消费你能换什么，多少现金还是多少物品（2分钟内回答出来）
7	会员有什么权益？说出3个以上（2分钟内回答出来）
8	会员服务有哪些是与其他企业的会员卡不同的
9	会员服务中最吸引你的是什么（2个以上）
10	有针对你的个性化会员活动吗

续表

序号	问题
11	列举会员活动中印象最深的一件事情
12	列举会员活动中最感动你的一件事情
13	会员中心多长时间举行一次活动
14	你经常收到会员中心的亲情问候或者亲情短讯吗
15	你从没有接到会员中心的推销或间接推销电话吗
16	你认识会员中其他的新朋友有多少个
17	会员朋友中有成为你的客户的吗
18	家里人跟你一起用这个卡吗
19	会员卡能在本品牌其他店共享吗
20	会员卡能不能在其他企业共享

1. 会员卡内容管理

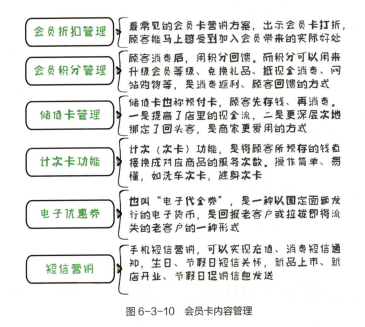

图 6-3-10　会员卡内容管理

2. 会员卡没有吸引力的 5 个原因

会员卡本身没有生命力，只是一个媒介、一个工具。会员卡能不能发挥作用，要看企业是否能将持卡人组织起来。

很多企业的会员卡还谈不上会员制营销。因为其管理和运营水平只停留在会员卡制作、派发、折扣、客户数据保留等层面。

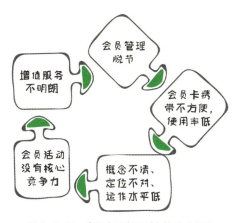

图 6-3-11 会员卡没有吸引力的 5 个原因

（1）原因 1: 概念不清、定位不对、运作水平低

很多企业对会员制的理解水平较低，且运作状态不佳，表现在 3 个方面：

① 缺乏整套营销方案；② 对会员提供的服务大多停留在折扣、积分和参加促销活动等项目；③ 营销手段单一，缺乏特色。

这些停留在价格层面和短期利益上的做法极易被竞争者模仿，引发同行之间的恶性竞争，最终仍旧失去了顾客的信赖。

（2）原因 2: 会员活动没有核心竞争力

很多会员活动千篇一律：生日礼物、积分换取、借雨伞、针线包提供……企业并没有根据自己的顾客类型做有吸引力的活动设计，也无法使会员产生购买兴趣和品牌关注。

（3）原因 3: 增值服务不明朗

很多企业的会员卡、积分卡怎么算，能换什么东西和价值，并没有清晰可执行的规定。客户也无法借助消费而积累积分。

（4）原因 4: 会员管理脱节

如果不研究会员权益设置，会员入会和不入会权益都差不多，就会导致会员卡销售名存实亡。如果不严格做会员活动预算，成本脱节，就会导致会员营销亏本赚吆喝。

（5）原因 5: 会员卡携带不方便，使用率低

对许多热衷逛街购物的顾客来说，同时携带各大商家会员卡，数量太多极其不方便。一部分会员因为不愿意随身携带会员卡而导致持卡购物使用率低。特别是购买地点分散的消费者，在各家商场发生了很多购买，却形成不了多少积分，降低了会员卡的使用率和吸引力。

三、连锁生鲜超市的会员制营销方法

对连锁生鲜超市而言,不仅要做单店会员制,还应该有"大会员制"的概念和优势。连锁生鲜超市的会员制运作,不仅要让连锁品牌既"连"又"锁",更要让整个体系的会员既"连"又"锁"。

1. 方法 1: 微信会员卡

微信会员卡是将向消费者发行的传统会员卡,经电子化转换后,存储在微信中。顾客打开微信,扫描商家的二维码或添加微信公众账号为好友,就能获得一张电子会员卡,存储于微信中,即可享受商家提供的会员折扣和优惠。微信会员卡的优势有 5 点:招募新会员、维系老客户、节约制卡成本、增加会员互动、促进促销群发。

2. 方法 2: 储值卡营销

储值卡是一种普遍的营销方式,很容易带来自然转化,即带来消费和复购。

(1)储值卡的 3 个营销价值

① 快速回笼资金。自定义设置储值金额及赠送金额,消费者通过门店收款码实现储值及会员卡余额支付,会员卡余额支付还可以使用优惠券抵扣部分现金,消费者能享受到储值消费折上折的待遇。

② 留客利器。自定义设置次卡活动,消费者通过门店收款码进行次卡购买及次卡核销,消费者获得次卡后到店率更高。

③ 促销利器。自定义设置消费满多少金额送次卡活动,无须改变消费者支付习惯,消费满一定金额支付完成后立得次卡。这样可以便捷地锁定顾客重复到店消费。

(2)储值卡进阶激活方法

为抓取利润做储值卡营销,有 2 个可以使用的规则。

① 赠送营业额,而非赠送利润。如,需要做 500 元的储值卡营销时,可以利用"满 500 元赠 100 元",这 100 元对于门店来说,是营业额,菜品的实际成本可能只有 40 元。

② 提升会员卡的价值感。如果 100 元菜品的价值感不高,可以换为赠送价值 200 元的礼品,成本没有比赠送 100 元菜品高太多,但能增加顾客对附加值的感知度。若储值卡用户到了一定数量,有卡顾客来门店消费的可能性更高,无形之中减少了同商圈、同品类商家的竞争机会。

四、会员积分管理

会员卡在企业拉动群体消费和稳定销售业绩方面,有着不可忽视的作用。会员卡积分管理及使用对整个会员制度有极其重要的作用。

1. 会员积分设计

以消费商品积分为主要跟踪手段，商品的积分公式算法有很多种。

如根据售价和商品毛利定义具体商品的积分点数；也可以根据不同商品类别的毛利率计算不同类别商品的积分；还可以根据不同商品的特性定义具体的积分点数，然后根据积分点数的多少，回赠消费者礼品或奖券参与抽奖。

积分使用策略如下。

① 在某个时间段根据消费情况降低领取奖品的底线，或者提高积分同等条件下的积分点数刺激会员消费。

② 在某个时间段根据会员消费积分等级，满足一定积分点数，可以以超低价购买正常销售的商品。

③ 会员以一定数目的积分点数，加一定现金购买正常销售的商品。当购完商品时，会员卡的积分就相应减少点数。

— 案例
购物中心的积分制度创新

积分送礼会员制度曾是购物中心增强与顾客之间黏性的法宝。但随着经济发展和消费观念的改变，单纯的积分送礼已经不能满足顾客需求。顾客需要的是更加人性化、更全面的服务，提高在购物中心购物时的体验度。泰禾广场因此推出了全新的会员系统，上线了两大新功能：会员卡支付功能、微信直接扫码积分。两大功能的特色如下。

（1）支付牌照背书，提供多重增值服务

收购第三方支付平台"福建一卡通"，为会员系统功能背书。一卡通与会员体系打通，会员卡即具备直接支付功能，可储值可积分。一卡通能够为会员提供充值返现、消费折扣、停车抵扣、电话缴费、礼品卡等多重服务。

（2）微信直接扫码积分，增强顾客黏性

顾客消费，无须关注微信公众号，点击菜单和子页面等二次操作，也无须下载 App，甚至无须是会员。直接打开微信"扫一扫"，扫描购物小票自带的二维码，系统即自动进行积分。全国购物中心首创，极大简化了积分流程；智能化系统为体验加分，增强了顾客黏性。

2. 积分管理的 5 个后台支持系统

会员营销是面向会员的精细化营销。

① 面向什么类型的会员？② 通过什么方式触达？③ 带来的效果怎样？④ 会员的态度如何？精细化营销的流程一般包含以下 5 个支持系统。

（1）会员数据库

营销人员能直观查看会员分布和状态，并且能方便地筛选出会员类型。

（2）营销通道

即通过什么方式去触达用户：短信、邮件、电话、微信、社区等保持通畅。

（3）营销数据反馈

每个流程的数据跟踪，数据反馈全面且直观。

（4）沟通反馈

双向沟通不仅让会员觉得自己很重要，也让企业更全面地了解营销的效果。

（5）营销自动化

会员营销时刻都有新的状态变化，需要不断测试、调整、优化，这就要求营销后台自动化。使用人工处理低效又不现实。

五、会员活化的 3 个手段

会员经济已然是遍地开花，也正在影响着各行各业的商业模式，甚至有"不朝会员制发展的组织必将失败"这一说法。会员经济时代的营销也必然从普通用户转变成自己的会员。

1. 手段 1: 提升会员体验和空间场景

目前的企业会员体验，已经出现了多种多样的模式。体验式消费是生鲜超市转型升级的焦点。随着消费者对商业设施功能性需求和会员体验性需求的日益增强，许多企业在门店加入体验元素。

① 场景化、体验化超市更能吸引消费者；

② 儿童乐园、餐馆、电影院、超市等体验感强的配置场所成为购物中心的标配。

即使一个普通用户已经成为会员，甚至还在不断往上走的会员也不一定真的对企业有忠诚度，很可能只是还在"薅羊毛"阶段。创造能打动会员且独有的会员体验对于会员忠诚度会有意想不到的效果。成熟的会员管理包括记录会员的姓名、性别、电话号码、生日、电子邮箱、消费记录、历史档案，并体现在客户关怀和促销通知等方面。最重要的是商家已经与顾客建立了良好的沟通渠道。

2. 手段 2: 实现会员裂变

众所周知，会员裂变是让超市赢利和增加店内客流量的最常见方式，然而也是超市比较头疼的问题。很多超市在会员裂变方面投入大量资金，比如电视广告等，可是效果却并不太好，不仅没有达成目标，还浪费了大量资金。其实，会员裂变的方式有许多种，每种方式的应用技巧却大不相同。

（1）会员裂变方式

① 方式1：红包裂变。微信一直是使用非常广泛的社交平台，微信好友本身就存在一定信任关系。借助微信强大的社交优势进行朋友圈口碑传播，裂变式宣传朋友圈，提升广告曝光率，获得潜在优质粉丝的关注。

使用红包裂变的主要步骤是：

顾客微信扫码 ➡ 关注微商公众号 ➡ 分享微商信息到朋友圈 ➡ 领取微信红包。红包的应用形式包括红包墙、制定红包码张贴于商品上等。

② 方式2：礼品裂变。通过会员生日提醒功能，在会员生日当天给会员赠送礼品，或定期对会员开展生日庆祝活动，让他们感受到关怀，主动传播微商信息。还可以在周年庆、节假日期间，在系统中策划赠礼活动，凡进店产生消费的顾客，都可以获得礼品。这种方式可以给超市增加人气，营造店铺火爆气氛，从而吸引更多的客流量。

③ 方式3：卡券裂变。对卡券类设置两种形式，采取不同的形式所达成的目标也不同。

a. 根据消费金额赠送卡券。顾客消费越多，赠送的卡券份额越大。这种形式可以提高客单价，增加店铺销量。

b. 以老带新赠送卡券。老会员推荐新会员后，同时可以获得优惠卡券。这样可以促进老会员主动推广广告，引进大量新会员。

（2）会员裂变价值引诱

① 超乎预期的商品和体验。优质的商品和服务本身就是最好的推销员，能够在获得客户忠诚的同时让顾客自发地进行转介绍。这是商品和服务打动了客户，更深层的原因是商品和服务激发了客户的"表现欲"。

② 超乎寻常的关系。这一点源自客户的"表现欲"，通过给予特殊的身份，获得更多的社交货币。要想做好客户的转介绍就要主动给客户赋予各种身份，让客户有更多的参与感和身份感。

③ 使用利益刺激。利益刺激是最直接的客户转介绍动力，分销模式、拼团模式是用利益刺激会员裂变的典型模式。

3. 手段3：互联网会员互动

会员互联网营销主要从互动营销、会员黏性消费、会员关怀3大方面入手，保证拓客引流效果，打造会员持续消费的生态循环链条。

（1）线上、线下流量结合，全渠道获客与变现

通过共享商圈的强大功能，快速打通线上、线下门店隔阂，使商品信息、消费评价、服务水平一目了然。消费者可在共享商圈领取商家优惠券，买单可直接抵扣，拉升经营业绩。

（2）服务商品结合，双向黏客实现订单暴增

打造属于自己的会员专属权益，统一管理，定制科学高效的营销策略。比如微信会员卡中"会员生日赠券""欠你的券"等暖心功能，随时提醒会员疏漏的应享权益。提高整体服务体验，吸引客户二次到店，提高复购率，使超市营业额翻倍上涨。